编　委

（按姓氏笔划排序）

王　严　王　珩　卢秋怡　冯昊青　刘　彬
刘鸿武　李雪冬　邱利民　张建珍　张艳茹
欧　荣　周　倩　徐　薇　蒋云良　温美珍

浙江智库
ZHEJIANG THINK TANK

浙江省区域国别
与国际传播研究智库联盟

浙江省对外区域
国别合作发展丛书

主　编　周　倩　王　珩
副主编　刘鸿武

浙江省参与共建"一带一路"

中东国家卷（2013—2023）

刘　彬　编著

ZHEJIANG UNIVERSITY PRESS
浙江大学出版社
·杭州·

图书在版编目（CIP）数据

浙江省参与共建"一带一路". 中东国家卷：2013
—2023 / 刘彬编著. -- 杭州：浙江大学出版社, 2025.
6. -- (浙江省对外区域国别合作发展丛书 / 周倩, 王珩
主编). -- ISBN 978-7-308-26392-4

Ⅰ. F127.55；F137.054

中国国家版本馆CIP数据核字第2025TF9270号

浙江省参与共建"一带一路"：中东国家卷（2013—2023）

刘　彬　编著

丛书策划	包灵灵　董　唯
责任编辑	包灵灵
责任校对	田　慧
封面设计	周　灵
出版发行	浙江大学出版社
	（杭州市天目山路148号　邮政编码310007）
	（网址：http://www.zjupress.com）
排　　版	杭州林智广告有限公司
印　　刷	杭州钱江彩色印务有限公司
开　　本	710mm×1000mm　1/16
印　　张	11.75
字　　数	208千
版 印 次	2025年6月第1版　2025年6月第1次印刷
书　　号	ISBN 978-7-308-26392-4
定　　价	68.00元

目　录

总报告

领域篇

区域篇

国别篇

总报告

浙江省与中东国家全面合作的回顾与展望

刘 彬 周 烈

摘 要： 在"八八战略"开放理念的指引下，具有浙江特色的全面开放新格局基本形成。浙江省与中东国家在传统能源、基础设施、商品贸易等传统领域持续合作的同时，在高新技术、新能源、数字经济等新兴合作领域的合作也不断取得突破，同时通过扩大人文交流实现理解互信。随着中东国家国内与地区形势向好、市场需求扩大以及同中国投资合作力度加强，浙江省同中东国家合作前景广阔，但同时由于中东国家自身发展具有脆弱性、相互了解与认知程度有待提升等问题，双方合作仍面临一定制约和挑战。浙江省在与中东国家合作方面应更加主动，在提质创新基础上，根据中东各国国情，有针对性地输出浙江省内优势产业，不断巩固在能源、制造业、基础设施建设等传统领域的合作，同时拓展在人工智能、第五代移动通信技术（5G）、绿色能源、智慧供应链、现代金融技术等新兴领域的合作。

关键词： 八八战略；浙江省；中东地区；国际合作

作者简介： 刘彬，文学博士，浙江外国语学院东方语言文化学院副教授。

周烈，文学博士，浙江外国语学院区域与国别研究中心主任、教授。

面对经济全球化带来的机遇和挑战以及中国加入世贸组织后的新形势，浙江省进入加大对外开放的广度和深度、打造开放发展新格局的重要历史阶段。20余年来，在"八八战略"开放理念的指引下，浙江省实现了从"外贸大省"到"开放强省"、从持续对外合作向深度融入全球的历史性跨越，具有浙江特色的全面开放新格局基本形成。步入新的历史发展阶段，浙江省在畅通国内国际双循环过程中继续保持高水平对外开放，在构建新发展格局中勇当开路先锋。

在浙江省打造开放强省过程中，被称为"两洋三洲五海之地"的中东地区，其凭借油气资源禀赋、人文积淀深厚和市场潜力巨大，成为浙江省互补共赢的天然合作伙伴及其全球市场空间格局中的重要节点区域。近年来，浙江省与中东国家在政府对接、经济合作以及人文交流等方面取得的成果证明，双方的合作不仅具备互利共赢的深厚基础，同时还有着不断共同发展的广阔空间。在中阿持续推进构建命运共同体以及浙江省全力打造"一带一路"枢纽的背景下，浙江省与中东国家将进一步实现"一带一路"倡议的项目落地与政策对接，在充实完善相关机制的同时，推动能源、经贸、科技、人文等领域的合作向更高、更深层次发展，从而深度诠释"一带一路"倡议讲信修睦、互利共赢的协作精神，并全面彰显"八八战略"守望相助、开放包容的合作理念。

一、中东国家总体发展形势

"中东"泛指连接西亚、北非及欧洲，从地中海到波斯湾的大片地区。西方国家向东方扩张时开始使用此词，以后广泛流行。离西欧较近的东方地区称"近东"，较远的称"中东"。近东和中东经常混用，没有明确区别。中东地区现普遍指西亚的伊朗、巴勒斯坦、以色列、叙利亚、伊拉克、约旦、黎巴嫩、也门、沙特阿拉伯（简称沙特）、阿拉伯联合酋长国（简称阿联酋）、阿曼、科威特、卡塔尔、巴林、土耳其、塞浦路斯和非洲的埃及等国家。中东地区是欧、亚、非三洲交通枢纽，战略地位重要。其石油资源储量、产量和出口量均居世界首位。[①] 中东地区处于欧、亚、非三洲的交界地带，又被里海、黑海、地中海、红海和阿拉伯海所环绕，这些海域极大便利了中东地区与世界各地的联系，而沟通上述海域的博斯普鲁斯海峡、达达尼尔海峡、苏伊士运河、曼德海峡和霍尔木兹海峡则是重要的国际航道，因此中东被称为"两洋三洲五海"之地。中东地区也因此成为连接大西洋和印度洋、欧亚非三洲、东方和西方的纽带和交通要道。中东地区气候炎热，常年干燥少雨，除少数地区外，整体水源匮乏。中东地区总体上矿产资源较为单一，中东国家多有石油蕴藏，其中沙特阿拉伯、伊拉克、阿联酋、伊朗、科威特、阿曼、巴林和卡塔尔等8个国家为该地区主要产油国，此外伊朗和土耳其两国以矿产品多样而著称。半个多世纪以来，中东地区一直是世界能源版图的中心，以沙特阿拉伯、伊朗、阿联酋等为代表的油气输出大国在全球能源领域发挥着不容忽视的影响力。尽管近年

---

① 中东，辞海网络版，辞海网络版. 中东. [2013-04-23].（https://www.cihai.com.cn/detail?q=%E4%B8%AD%E4%B8%9C&docId=5639857&docLibId=72），访问日期：2023 年 4 月 23 日。

来中东地区在世界能源格局中的地位有所下降，但该地区作为世界能源供应中心的作用短期内不可替代。在 2022 年全球石油储量排名中，位列前 10 位的中东国家包括沙特阿拉伯、伊朗、伊拉克、阿联酋和科威特，位列 2022 年全球天然气储量排名前 10 位的中东国家则包括伊朗、卡塔尔、沙特、阿联酋等国家（见表 1）。另外，该地区除了土耳其、伊朗和以色列，其余国家均为阿拉伯国家。从地缘位置来看，丝绸之路将中国、印度、希腊、北非国家等位于欧亚大陆的世界古代文明联结起来，而中东地区则正处于这一传统商道的中央，在世界文明的交往进程中发挥了极为重要的中介作用。可以说，中东地区对于世界经济、文化等领域的发展一直都具有不容忽视的战略价值和重大意义。

表 1 2022 年全球油气储量排名前 10 位国家或地区

石油储量排名	国家或地区	石油储量/亿吨	天然气储量排名	国家或地区	天然气储量/万亿方
1	委内瑞拉	415.7	1	俄罗斯	47.8
2	沙特①	366.0	2	伊朗	34
3	伊朗	285.8	3	卡塔尔	23.8
4	加拿大	224.4	4	美国	16.4
5	伊拉克	198.7	5	土库曼斯坦	11.3
6	阿联酋	152.1	6	沙特	8.5
7	科威特	139.0	7	阿联酋	8.2
8	俄罗斯	109.6	8	中国	7.2
9	美国	108.3	9	尼日利亚	5.8
10	利比亚	66.3	10	委内瑞拉	5.5

数据来源：Oil & Gas Journal | Global oil and gas reserves increase in 2022.（2022-12-05）[2023-02-15]. https://www.ogj.com/exploration-development/reserves/article/14286688/global-oil-and-gas-reserves-increase-in-2022.

中东地区的地缘与经济重要性不言而喻，该地区的稳定与发展意义重大。国际货币基金组织（IMF）2021 年 4 月发布的《世界经济展望报告》显示，中东国家人均国内生产总值（GDP）处于中等收入国家水平（见表 2）。然而，中东国家的贫富状况和发展水平是极不平衡的，大多数中东国家的人民并未感受到中等收入国家所应有的幸福感。从经济领域来看，发展迟滞带来的民生之困及社会贫富差距过大是中东变局出现的主要原因，其根源则更多地在于该地区过于单一的畸形经济结构。中东国家政府收入来源主要为以能源出口等非创造性生产部门的收益，石油及其他矿产品成为中东国家连接世界经济的主要纽

---

① 用黑体标注的国家为中东国家。

带，而对油气等自然资源长期高度依赖的结果就是多数中东国家的经济既没有出现发达国家的高附加值创造性活力，也没有出现新兴经济体的制造业繁荣。由于没有真正经历过现代大工业的发展历程，中东地区一直未能实现由过度依赖自然资源的传统经济模式向现代工业社会的转型，经济发展并未促成社会结构和经济结构发生质的飞跃。因此除以色列等少数国家外，中东地区大多数国家仍未找到适合自己的社会发展路径和方法，这些国家整体上居于世界现代化体系的边缘。在"石油时代"落幕之前，如何把握历史发展机遇，探索符合本国实际的经济与社会发展模式，尽快完成经济结构和发展模式转型，成为中东国家摆脱困境、实现稳定与发展的当务之急。

表2　2022年中东国家人均GDP数据

序号	国家或地区	全球人均GDP排名	人均GDP/美元
1	卡塔尔	6	8.8万
2	以色列	15	5.5万
3	阿联酋	16	5.4万
4	科威特	24	4.3万
5	沙特	37	3.0万
6	巴林	38	3.0万
7	阿曼	43	2.5万
8	土耳其	74	1.1万
9	伊拉克	103	0.6万
10	伊朗	114	0.4万
11	埃及	115	0.4万
12	约旦	117	0.4万
13	巴勒斯坦	121	0.4万
14	黎巴嫩	148	0.3万[①]
15	也门	176	0.1万
16	叙利亚	198	0.1万[①]

数据来源：World economic outlook, October 2021: recovery during a pandemic. (2021-10-12)[2022-12-10]. https://www.imf.org/en/Publications/WEO/Issues/2021/10/12/world-economic-outlook-october-2021.

（一）中东国家尝试变革求新

面对日益严峻的全球性问题、国内发展以及地区动荡等带来的挑战，许多中东国家开始制定符合自身发展愿景的中长期发展规划，力图改变单一经济结

---

① 2021年数据。
② 2020年数据。

构实行经济多元化，通过推动再工业化过程来增加国内就业机会、缩小收入差距，实现国家可持续性发展能力和国际市场竞争力的提升，如《土耳其 2023愿景》《伊朗 2025 愿景》《沙特 2030 愿景》《阿联酋 2021 愿景》《埃及 2030 愿景》《卡塔尔 2030 国家愿景》《约旦 2025 愿景》等。中东各国资源禀赋和境况的差异决定了各国发展规划的差别性，从而形成了三类发展愿景。一是沙特、阿联酋、科威特、伊朗等油气资源丰富的国家，其规划高度重视经济多元化；二是埃及、约旦等人口多资源少的国家，其规划核心是以大型工程项目和工业化拉动就业，并解决不平等发展的问题；三是以色列和土耳其等经济基础较好、发展相对平衡的国家，其规划更加重视科技知识投入和经济发展的可持续性。[①]需要指出的是，中东国家普遍希望通过抓住第四次工业革命浪潮的机遇，在制定发展规划时普遍着眼于通过科技振兴建立知识型经济，希望在加快数字化转型的基础上推动实现经济多样化和现代化。

对于上述发展规划的实施效果，由于中东各国差异大，难以进行精准的全面评估。总体来说，绝大多数中东国家发展规划的实施有一定成效，但整体成效还不容乐观。例如，埃及政府在反思本国工业发展体系并进行全面经济改革的情况下，虽已成为中东转型国家中改革力度最大的国家之一，但其国内经济仍面临严重困难。约旦等国家虽政局稳定，但因财力有限，改革计划难以有效落实。黎巴嫩、伊拉克等国家仍深陷经济危机，国家转型难以提上日程。土耳其在"埃尔多安经济学"引领下经历发展和挫折后，未来发展走势仍需观望。伊朗由于采取了正确的经济发展措施，加上国际活动空间不断扩大，总体经济形势好于预期。[②]面对经济模式单一、抵御风险能力不足的问题，以沙特、阿联酋、卡塔尔为代表的海湾阿拉伯国家近些年来积极探索推进经济多元化，将去石油化提升至国家战略高度，提高非石油部门和私营经济对国内生产总值的贡献率并取得一定成效。以经济多元化较为成功的阿联酋为例，通过一系列经济改革，该国已逐步成为中东地区的金融、商贸、物流、旅游中心和商品集散地，非石油产业在经济总量中的比重不断提高。

---

① 王林聪. 中东发展报告 No.24（2021 ～ 2022）：中东国家的发展规划及其前景. 北京：社会科学文献出版社，2022：1.

② 伊朗经济发展良好，2022 年经济增长超过 7%. (2023-04-11)[2023-06-12]. http://world.people.com.cn/n1/2023/0411/c1002-32661640.html.

（二）中东国家在发展过程中积极谋求与中国的合作

"对中国而言，中东国家是共建'一带一路'、深化务实合作的天然伙伴。"实践证明，中国和中东各国在能源领域、制造业领域和设施联通方面有着广阔的合作空间。中国已成为 10 个中东国家的最大贸易伙伴，中国每年石油进口超过一半来自中东，中东地区成为中国最重要的工程承包市场和海外投资市场之一。随着中东国家"向东行"的步伐不断加快，其与中国的关系近年来进一步向好。2022 年底，我国最高领导人访问沙特阿拉伯，出席中阿（阿拉伯）、中海（海合会）峰会和中沙（沙特）三环峰会，并签署了一系列突破性的双边经贸协议，中国与中东国家的关系由此进入更高层级、更宽领域的新发展阶段。

浙江省作为践行中国特色社会主义道路的经济大省和"重要窗口"，在"八八战略"的指引下，顺利完成了从"外贸大省"到"开放大省"的跨越，具有浙江特色的高水平全面开放新格局已基本形成。在此过程中，浙江省积极谋划打造"一带一路"重要枢纽，在同包括中东国家在内的共建"一带一路"国家的合作中的参与度、连接度和影响力不断提升。同时，在"一带一路"倡议的引领下，浙江省同中东有关国家通过一系列合作成果，实现了浙江省打造高能级开放大省的战略规划同中东国家发展愿景与经济社会转型方面的有效对接，双方在能源、贸易投资、金融、数字经济、人文交流等领域实现宽领域、深层次的共建与合作。在中国同中东国家合作共建关系进入新阶段的背景下，浙江省定能进一步畅通与中东国家在商品、服务、人才、数字、人文等要素的双向流动，将"地瓜经济"的藤蔓进一步与中东各国连通，在助力浙江省打造国内国际双循环的战略枢纽的同时，与中东地区的合作伙伴实现更高质量合作，携手参与全球竞争。

二、浙江省与中东国家全面合作回顾

经济合作是中国和中东关系的压舱石，同样也是浙江省与中东地区国家合作的重点内容。浙江省践行"八八战略"并持续建设"一带一路"，与中东国家保持能源资源、基础设施、商品贸易等传统领域的合作势头，在高新技术、新能源、数字经济等新兴合作领域取得突破，合作持续深化。与此同时，浙江省同中东国家持续扩大人文交流，增进民心相通，双方在青年、媒体、教育、学术、艺术、卫生等领域开展了多种形式的合作，增强了人文交流，深化了理解互信。

（一）浙江省与中东国家的贸易合作

截至 2021 年，中国已是中东国家的第一大贸易伙伴，其中，沙特阿拉伯、阿联酋、伊拉克、土耳其和科威特为中国在中东地区的前五大贸易伙伴。中东大部分国家对中国出口的商品主要是石油、天然气等矿产品，化学工业品及其相关产品，塑料及其制品，以及贱金属及其制品。中东国家从中国进口的产品则以机电产品，音像设备，车辆、航空器、船舶及运输设备，光学、医疗等仪器和杂项制品为主，其中机械电子设备进口额占中东国家从中国进口额的一半左右。

作为中国的外贸大省，浙江省与中东地区的双边贸易总体以出口导向为主，进口有了逐年扩大的态势，双边合作的进出口贸易体现出愈加平衡的结构优化。2013—2022 年，浙江省对中东地区外贸进出口全面发展，累计进出口额约 2.9 万亿元，其中出口额约 2.1 万亿元，进口额超过 0.8 万亿元。10 年间，浙江省对中东进出口额年均增速为 11.5%，高于同期浙江省外贸整体年均增速 2.1 个百分点，其中进口年均增速达 21.3%，高出进口整体年均增速 11.5 个百分点，中东在浙江省外贸中的地位稳步提升。[①] 例如 2016 年 1 月，"义乌—德黑兰"首趟国际货运班列从义乌铁路西站启程，这是中国首列开往中东地区的铁路国际集装箱货运班列。2017 年 3 月，伊朗航运船公司的"吐司"号轮船停泊浙江省舟山大浦口码头，标志着舟山大浦口码头的"伊朗中东线"正式运营。同样，浙江省同土耳其的贸易合作日益紧密，如 2021 年出口土耳其的货物总额为 344.7 亿元，同比增长 22.1%，占浙江省总出口额的 1.1%。义乌市 2020 年的出口额达 3006.2 亿元，其中销往中东、非洲的近 70%。由浙江中国小商品城集团、迪拜环球港务集团共同投资的迪拜义乌中国小商品城于 2021 年 3 月开工，这是全球最大的小商品集散地义乌在海外建设的首个市场。阿联酋是宁波市在阿拉伯地区贸易投资的重要对象，2021 年前三季度，宁波市与阿联酋进出口总额达到 17.0 亿美元，同比增长 27.5%。另据统计，2022 年 1—11 月宁波市向阿拉伯国家出口汽车 4.4 万辆，价值 50.6 亿元，汽车出口业务再上

---

① 10 年狂飙　进口贡献率高达 74.3%！中东成浙江最大进口来源地. (2023-02-07)[2023-06-15]. http://www.ccpitzj.gov.cn/art/2023/2/7/art_1229557691_37710.html.

新台阶。又如，总部位于阿联酋迪拜的绿色出行技术公司纽顿（NWTN）在中国投资的首个超级工厂落户浙江省金华市，并于 2022 年 9 月在金华科技城开工，该项目占地 750 亩，总投资 100 亿元，设计年产"智能乘用车"（SPV）10 万台。

与此同时，浙江省的资源禀赋结构具有比较劣势，尤其是战略性资源的相对匮乏决定了浙江省也是一个外贸进口大省，使得浙江省对中东国家的进口贸易规模也呈现增长趋势。以沙特为例，浙江省同沙特近年来的进口贸易在全国同类进口总额的占比增长也非常显著，而且在浙江省对外进口总额的占比也在稳定提高，说明沙特日益成为浙江省在中东地区具有发展潜力的战略性进口目标市场国。

（二）浙江省与中东国家的能源合作

中东地区目前已探明石油和天然气储量分别占全球总量的 55% 和 42%，是名副其实的能源财富中心。作为能源需求大国，中国已成为中东原油重要输入地。自"一带一路"倡议提出以来，中国与中东国家能源合作既在规模与质量上取得了明显成效，又打造了向纵深发展的全新格局。"一带一路"倡议既为中国与中东国家在传统油气资源外的能源合作拓展了空间，也为双方向纵深发展的能源合作布局提供了可能。一方面，在"一带一路"倡议推动下，中国与中东能源合作表现出强劲动力。自 2013 年至 2020 年，中国从中东进口原油总计约 15.1 亿吨。此外，中国在中东原油出口中的份额也大幅提升。2010 年，中国仅占中东原油出口的 3.9%，2019 年跃升至 31.2%。2021 年，我国自海合会六国进口原油 2 亿吨，同比增长 7.8%，目前中国前十大石油进口来源国中，海合会国家占据了四席。另一方面，中国同沙特、阿联酋、埃及等中东国家的可再生能源合作稳步推进，中国在太阳能、风能、核电等领域的技术水平处于全球领先地位，产业链优势明显，而中东地区具有的可再生能源区位优势为相关合作提供了必要条件。[①] 面对蓬勃兴起的中国可再生能源产业，以色列、埃及等中东地区的非能源出口国及时调整了对外合作方向，将加强与中国的可再生能源合作列为重点。

在传统能源领域，浙江省提出要积极参与国际油气资源开发和交易，鼓励

---

① 中国与中东国家能源合作的机遇与前景. (2022-12-26)[2023-02-22]. https://epaper.gmw.cn/gmrb/html/2022-12/26/nw.D110000gmrb_20221226_1-12.htm.

省内企业积极争取境外资源，构建能源资源"海外仓"，在国家能源安全保障体系中发挥重要作用。[1]2017 年首届世界油商大会上，浙江石化与阿曼国家石油公司签约原油、物流合作项目。2018 年 9 月，沙特阿拉伯国家石油公司（简称沙特阿美）与浙江荣盛签署了一项长期原油供应协议，预计在开始运营时沙特阿美将每天向舟山炼油厂供应 17 万桶沙特原油。浙江石化与沙特阿拉伯石油公司签下原油采购合同，首单达 108 万吨，价值约 53 亿元人民币。2019 年，沙特阿美与浙江自贸区签订了谅解备忘录，促进沙特阿美收购浙江炼油化工一体化项目 9% 的股份，此外还涉及一份长期原油供应协议和对我省石化大型油库的使用权。同时，浙江自贸区舟山片区积极推动油气全产业链发展，海合会国家正是其重要的合作对象，2022 年 7 月来自沙特、阿联酋、阿曼、科威特的油品进口分别增长 75.4%、961.3%、12.6% 和 137.8%[2]。

在新能源领域，浙江省与阿曼、伊朗等中东国家不断推进合作。作为风电产业链前端的玻璃纤维织物制造企业，浙江恒石纤维基业有限公司于 2014 年在中国国家级境外合作区——埃及苏伊士经贸合作区泰达工业园内投资建设了风电织物生产基地——恒石埃及纤维织物股份有限公司，主要生产运用于风力发电机叶片材料的玻璃纤维织物，该项目填补了埃及当地风电产业链的空白。2015 年 2 月，由浙江泰来环保科技有限公司承建的伊朗首座垃圾焚烧发电厂在德黑兰市投产。浙江正泰新能源开发有限公司参与开发的埃及本班光伏电站于 2018 年正式开工建设，该项目成为埃及首个"太阳能村"以及全球最大的光伏产业园之一，为埃及绿色能源发展提供新动能[3]。浙江华东院于 2019 年 8 月成功签约阿曼益贝利 607 兆瓦光伏电站项目，成为当年度浙江省海外工程新签额最高的项目。2022 年 11 月，中能建浙江火电建设有限公司成功参与签约埃及康翁波 500 兆瓦光伏电站 EPC+O&M 项目，该项目成为中能建浙江火电在埃及签约的首个新能源项目。

（三）浙江省与中东国家在数字经济领域的合作

中国–阿拉伯国家博览会（中阿博览会）"网上丝路"于 2015 年 9 月启动，

[1] 浙江省煤炭石油天然气发展"十四五"规划. (2021-07-07)[2023-02-22]. https://www.zj.gov.cn/art/2021/7/7/art_1229505857_2310533.html.
[2] 浙江外贸增速第一，舟山爆发大能量. (2022-10-13)[2023-02-22]. http://zsinvest.zhoushan.gov.cn/art/2022/10/13/art_1558044_58898682.html.
[3] 凝聚绿色共识，共促绿色发展. (2022-02-10)[2023-02-22]. http://world.people.com.cn/n1/2022/0210/c1002-32348847.html.

这标志着中国同中东国家的数字经济合作全面开启。中国、沙特、阿联酋、土耳其等国于 2017 年 12 月的第四届世界互联网大会共同发起《"一带一路"数字经济国际合作倡议》,标志着"一带一路"数字经济合作开启新篇章。2021年,中国同阿拉伯国家联盟(阿盟)共同发表《中阿数据安全合作倡议》,阿拉伯国家成为全球首个与中国共同发表数据安全倡议的地区。

在数字经济合作领域,浙江省企业与中东国家政府及企业积极开展合作,在数字基础设施、数字技术、电子商务、数字媒体等诸多领域签署了多项合作文件并落地多项数字合作项目。

首先,浙江省与中东国家在数字基础设施领域加强合作。作为全国最早一批"出海"的通信工程企业之一,浙江省邮电工程建设有限公司早在 2005 年就开始聚焦通信领域,拓展以沙特为代表的中东市场,并参与了沙特最大规模的国家通信宽带建设项目——沙特 ITC NBB 国家宽带项目的建设和推进,在该公司的帮助下,沙特实现了智能电表的全国覆盖,电力智能化水平大幅提升。[①]2022 年 12 月,在第 42 届阿联酋迪拜通信及消费电子展览会(GITEX GLOBAL)上[②],浙江大华存储科技有限公司凭借过硬的产品和服务能力被授予信息与通信技术(ICT)"年度新兴存储供应商"奖。

其次,浙江省与中东国家不断深化在跨境电商领域的合作。浙江省是中国发展跨境电商的主要力量,同时在中东电商发展以及中国与中东跨境电商合作方面发挥了重要作用。在中东地区开展跨境电商业务的浙江省头部平台公司主要包括阿里全球速卖通(AliExpress)、嗨宝贝(Hibobi)等企业。值得一提的是,2022 年 12 月中国第三方支付服务公司快捷通支付服务公司打造的"义支付"(Yiwu Pay)上线跨境人民币业务,并实现义乌和沙特人民币跨境业务成功落地,成为中国同中东国家贸易投资便利化的一个生动缩影。

再次,浙江省不断发挥技术优势,加强同中东国家的数字技术合作。海康威视中东分公司自 2012 年 9 月在迪拜成立以来,为中东以及非洲等地区的客户提供持续的产品和技术培训与服务,同时海康威视中东分公司还通过建立完善的仓储物流体系,为中东地区本地客户提供及时、便捷的货物配送服务。阿里巴巴旗下的阿里云长期深耕中东市场,为浙江省与中东地区数字经济合作做

---

① 一场会面敲定 2000 多万美元订单,浙江企业正在为沙特"2030 愿景"插上翅膀. (2022-12-29)[2023-03-05].
　https://news.hangzhou.com.cn/zjnews/content/2022-12/29/content_8435892.htm.
② GITEX GLOBAL 是中东地区规模最大、最成功的电脑与信息专业展会。

出了重要贡献。例如，2015 年阿里云在阿联酋迪拜成立云计算合资公司 Yvolv、2016 年成立阿里云迪拜数据中心、2018 年与阿联酋哈利法大学通过签署战略合作协议，约定在新能源开发、机器智能、气象预测、物联网等方面展开深入合作。

此外，在数字媒体方面，雅乐集团是浙江省与中东数字媒体合作的典型代表。作为在中东地区领先的社交"出海"公司，该企业专注于中东地区陌生人社交产品，通过"社交+游戏"的业务模式，在中东地区数字社交领域一直保持领先位置。

（四）浙江省与中东国家的人文交流合作

和平合作、开放包容、互学互鉴、互利共赢始终是中国同中东国家人文交流的主旋律，特别是中国—阿拉伯国家合作论坛（中阿合作论坛）于 2004 年设立以来，双方各人文领域的交流日趋活跃，并不断取得成果。在教育交流合作方面，中国与中东国家开展了高校互派学生、人才联合培养、学术交流等多种交流合作。在科技交流合作方面，中国同中东国家开展了一系列涉及各科学技术领域的交流合作活动，有效促进了双方之间的科技互补。在文化艺术交流合作方面，中国通过同中东各国举办形式多样的互动交流活动，有力促进了中阿人民对彼此文化艺术的沟通与了解。

教育交流助力人文交融方面，浙江省与中东国家教育合作成效显著，特别是国际化人才合作发展迅速。浙江省部分高校先后开设了阿拉伯语专业、波斯语专业与土耳其语专业，与中东国家的 10 余所高校签订了合作交流协议，大大满足了浙江省乃至长三角地区的相关外语人才需求，同时也成为推进浙江省与中东国家开展人文交流的重要基地。同时，浙江省各高校接收和培养的大批中东国家留学生成为促进中国同中东国家交流合作的重要力量。

浙江省充分利用自身文博资源与技术优势，大力推进中国同中东国家在艺术和文博领域的共同发展。"首届阿拉伯国家文博专家研修班"于 2015 年在宁波开班，自此浙江省文化厅（现浙江省文化广电和旅游厅）每年都承办为期 20 天的阿拉伯国家文博专家研修班活动。2019 年 11 月，来自伊朗国家博物馆等 6 个国家和地区的 11 家文博机构的 100 件/套青瓷名贵珍品"漂洋过海回归故里"在杭州展出。浙江省同时发挥艺术文化的丰富资源与产业优势，与中东国家在舞蹈、音乐、文学、影视以及各类艺术展览等方面开展合作交流。例如，浙江省文化广电和旅游厅和阿联酋迪拜"拥抱中国"执委会合作的系列中国文化展览，浙江省承办的共四届包括22个阿拉伯国家的百余位优秀艺术家参与的"意会中国"文化交流活动等。此外，以浙江华策集团为代表的浙江省广播电视行业通过YouTube账户、与当地新媒体平台合作的方式，推动中国精品影视在中东国家的广泛传播。

三、浙江省与中东国家合作面临的机遇与挑战

中东国家的社会转型战略将是长期而深入的，同中国开展"一带一路"合作也将是持续和密切的，这也为浙江省未来继续拓展同中东国家的合作提供机遇，同时，在合作过程中，由于中东国家与浙江省自身与外部环境等原因，双方未来合作仍将面临一定制约和挑战。

（一）浙江省与中东国家合作面临的机遇

为逐步摆脱在经济全球化过程中不断被边缘化的境遇，许多中东国家迫切需要推动经济多元化，加快工业化步伐，实现国内社会稳定与发展。以海合会国家、埃及等为代表的中东国家对于了解和学习中国快速实现技术进步和经济发展的经验以及治国理政的方略有着浓厚的兴趣，同时通过吸引中国的资金和技术，同中国开展广泛而深入的合作，推动其国内基础设施建设和工业化进程，希望搭上中国经济发展的快车。而浙江省因其科技实力、发展成就和国际影响力不断上升，未来将吸引更多中东国家寻求合作，正如2019年时任沙特能源部部长哈立德·法利赫所说，浙江是中国最具发展活力的省份之一，他非常钦佩浙江经济社会发展取得的巨大成就，非常期待沙特与浙江加强能源、海港、贸易、电商、教育等各领域交流合作，成为共建"一带一路"的好伙伴。[①]

1. 中东国家消费市场与创新科技市场需求旺盛

首先，除传统商品外，以海合会国家为代表的中东国家的消费者对互联网、大数据、金融科技、新能源等高科技产品和服务有着旺盛需求，而且有较高的收入水平和支付能力。2022年，海合会国家GDP增速是全球平均水平的两倍多，其中沙特GDP增幅为8.7%，GDP总量超过1万亿美元。[②]对生活品质

[①] 袁家军率团访问沙特　高水平共建"一带一路"重点领域. (2019-09-06)[2023-03-05]. https://zjnews.zjol.cn/gaoceng_developments/yjj/zxbd/201909/t20190906_10962707.shtml.

[②] 我国科技企业积极"出海"中东. (2023-04-18)[2023-05-02]. http://www.ce.cn/xwzx/gnsz/gdxw/202304/18/t20230418_38503016.shtml.l

的高需求和旺盛的购买力，使得更多中东用户愿意为新技术带来的体验买单。

其次，中东地区经济发展迅速、市场潜力巨大，为浙江省高科技企业"出海"提供了诸多机遇。在中东国家努力摆脱石油依赖、向产业多元化转型的过程中，会不断有创新产业的机会释放出来。例如新能源产业是代表未来技术变革和能源发展方向的战略性、先导性产业，已成为全球产业竞争和大国能源博弈的必争之地。以沙特为代表的中东国家因拥有丰富的太阳能和风能资源，在清洁能源领域具有资源优势。近年来中国风电产业发展迅速，全球半数风力发电机组部件由中国生产，十大制造商中有六家来自中国。① 新能源产业是浙江省先进制造业集群的优势所在，发展势头强劲，已呈现光伏全国领先、风电全面提速、氢能加快布局、储能异军突起的态势。因此，浙江省新能源企业可以凭借在该领域的技术优势进一步加快出海中东国家的步伐。

2. 浙江省与中东国家产业投资合作趋势向好

全球十大主权财富基金中，中东国家占据四席，分别为阿布扎比投资局（ADIA）、科威特投资局（KIA）、沙特公共投资基金（PIF）和卡塔尔投资局（QIA），截至 2022 年，中东主权财富基金的资产管理规模占全球主权财富基金总额的 1/3。据报道，预计到 2030 年，中东主权财富基金的投资资本预计将增加到 10 万亿美元，届时可能将有超过 10%—20% 也就是 1 万亿—2 万亿美元的投资投向中国。② 此外，自 2023 年开年以来，来自中东的资金正流入中国并特别关注前沿科技、生物医药、新消费趋势等领域。③ 对中东国家来说，中国有技术、有市场，与中国进行投资合作也是中东国家成功转型的重要驱动力之一。基于中东国家自身战略规划，不少中东国家希望通过投资合作带动自身产业发展进而推动经济转型，产业投资合作正在成为中国与中东国家之间"双向奔赴"的新动向。浙江省政府优质、高效的"智慧"公共服务为吸引外资打造了良好的营商环境，而浙江企业则以"浙江智造"为目标朝绿色发展和数字化、智能化方向提质升级，这也为浙江省抓住与中东国家深化合作的"机遇期"、吸引以海合会国家为代表的中东国家的资本投入创造了条件，正如浙江

---

① 中国风电产业走向世界市场. (2022-04-25)[2023-03-05]. https://world.people.com.cn/n1/2022/0425/c1002-32407960.html.

② 中东主权基金到 2030 年将达 10 万亿美元，其中 10%—20% 将投资中国. (2023-06-15)[2023-06-28]. https://caifuhao.eastmoney.com/news/20230615170010826821560.

③ 揭秘十大主权财富基金：中国占三席、中东产油国四席，挪威第一. (2022-07-18)[2023-06-28]. https://www.sohu.com/a/568832023_522913.

省商务厅在其《致广大外资企业的一封信》中所言："浙江将以超强决心、超常举措、超大力度吸引全球投资合作，与外资企业共享新时代新发展，共赢新机遇新未来。"①

（二）浙江省与中东国家合作面临的挑战

中东国家自身发展以及地缘环境仍存在不确定性，加之浙江省在科技创新方面仍有一定的提升空间，使得浙江省同中东国家合作仍存在一定挑战。

1. 中东国家经济与社会转型问题使得浙江省与中东国家的未来合作仍面临一定的不确定性。中东地区国家之间发展严重不平衡，大多数国家发展转型仍面临严峻挑战。一方面，多数中东国家尚未实现真正经济结构多元化转型，对油气资源的过度依赖使其收入来源不稳定，经济发展过程仍面临波动风险。另一方面，不少中东国家尚存在经济困顿、民生困难等多种消极因素，发展转型任重而道远。

2. 浙江省与中东国家合作在提升本土化认知方面仍面临挑战。全球化的本质是本地化，加强与中东国家合作，应坚持以本土化视角为认知根本，"要想开拓中东市场，本地化是重中之重"②。因此在浙江企业进入中东市场过程中，在生产、营销、金融、税务、知识产权等方面加强对东道国的全面了解、实现本土化合规，将成为其立足中东市场的关键因素之一。由于中国同中东国家在法律法规、文化传统、贸易习惯等方面的客观差异，拓展同中东国家合作需要面临陌生复杂的本地化环境带来的挑战。以数字经济合作为例，中方企业不仅以具备技术优势为合作前提，也需要认识和了解中东国家当地社会传统、交易习惯、行业技术标准以及与数字经济相关的法律法规等的合规问题，以及应对本地公司联合进行项目运作、本地资金注入、本地各部门和受众认可度等本土化问题。对于浙江省来说，还需要更加充分和及时了解中东国家的国情、社情、民情、舆情，目前仍存在对相关国家政府和企业的根本需求以及民众的核心诉求把握不准等问题，这给双方加强认知、深化合作带来挑战。

3. 在数字化时代，如何以科技创新为驱动力进一步深化同中东国家的国际合作交流是浙江省面临的新的任务与挑战。浙江省以深入推进"八八战略"再

---

① 浙江官方致信外资企业：将以超常举措、超大力度吸引全球投资. (2023-01-29)[2023-06-28]. https://finance.sina.com.cn/china/dfjj/2023-01-29/doc-imycvxxr0376578.shtml.

② 跨境电商的中东征途：格局已变，新机将至. (2022-01-14)[2023-06-28]. https://www.163.com/dy/article/GTLQRA4H05118O92.html.

深化、改革开放再出发为指导原则，始终坚持创新型省份建设一张蓝图绘到底，力争"加快布局海外技术转移网络节点，共建国际技术转移中心及创新合作中心，加强与国内外重要技术交易节点的互联互通，促进技术要素跨国界、跨区域流动"①，努力将浙江省建成高水平创新型省份和科技强省，力争在世界创新版图中确立特色优势。浙江省建成创新型省份的目标已基本实现，但是在同部分科技创新先进省份相比，浙江省仍存在原始创新和关键核心技术攻关能力不强、高端创新人才紧缺、重大创新平台和载体偏少、龙头企业不够突出以及科技创新支撑高质量发展的动能不强等短板②，因此应在保持现有成绩与特色基础上，努力缩小差距、弥补不足，进一步提升在国际合作中的核心竞争力。

四、浙江省与中东国家深化合作的未来发展路径

在新的历史条件下，中东国家积极回应中国提出的全球发展倡议和全球安全倡议，同时，中国也始终支持中东国家探索符合自身特色的独立发展道路。双方加快了全面合作的步伐，共克时艰、共促发展、共享进步成为中国和中东国家的共同愿景，进一步推动中国和中东国家关系迈上新台阶。

在前期合作基础上，浙江省在与中东国家合作方面应更加主动作为，在高质量推动"一带一路"倡议与中东国家发展战略深度对接的基础上，根据中东各国国情及其经济社会转型中的核心诉求，有针对性地输出浙江省内优势产业，不断巩固在能源、制造业、基础设施建设等传统领域的合作，同时拓展在人工智能、5G、绿色能源、智慧供应链、现代金融技术等新兴领域的合作，通过创新与提质，提升双方在经济、技术、人文等各领域的合作水平。

（一）发挥技术优势促进经贸合作

首先，应继续加快浙江省的外贸强省建设，通过促进品质升级、品牌升级、优化外贸结构，积极拓展中东国家市场，培育在中东地区的外贸竞争新优势。浙江省应通过"持续产生领先技术和高附加值产品、以强大实体经济为根

---

① 《浙江省科技创新发展"十四五"规划》全文附图解. (2021-06-26)[2023-06-28]. https://m.thepaper.cn/baijiahao_13316092.

② 《浙江省科技创新发展"十四五"规划》全文附图解. (2021-06-26)[2023-06-28]. https://m.thepaper.cn/baijiahao_13316092.

基的高效创新生态系统"①，在增加值率、劳动生产率、创新能力、质量品牌等方面提升国际竞争力，向着成为全球先进制造业基地的长远目标迈进。其次，全面接轨国际通行规则制度。持续深化商品、服务、资金、人才等要素流动型开放，稳步拓展规则、规制、管理、标准等制度型开放，了解和掌握国际标准发展走向和技术水平，开展标准国际化合作，通过形式多样的合作活动，推动浙江标准"走出去"，让更多中东国家接受、认可浙江标准，塑造浙江省参与国际合作和竞争的新优势。最后，浙江省应充分利用自身侨务优势，构建中东地区浙商服务网络，依托海外浙商人脉网络畅通，资金积累充沛，熟知当地社风民情、法律法规、市场运作等优势，引导鼓励在中东地区的浙商群体更深层次地参与浙江省商品、技术、产业整体"走出去"，推动浙江经济与浙江人经济在与中东国家贸易合作过程中实现融合发展。

（二）发挥创新优势促进能源合作

在传统能源领域，新冠疫情与俄乌冲突发生之后，随着全球能源格局出现深度调整，各国政府开始重新布局能源战略，全球能源中心供应重心进一步向中东地区转移。在国际能源新格局以及中国与中东国家能源合作新形势下，浙江省应立足国内和国际双循环的国家经济大战略背景，在保障能源企业收支平衡的基础上，抓住中东国家新一轮能源繁荣的机遇，依托浙江自由贸易试验区，利用好国内和国际两个市场，开拓与中东能源合作的新局面。一方面，浙江省应加强与中东地区的能源资源富集国合作，积极引进石油、天然气等能源，做大做强与中东国家在能源进口、转口和国际贸易的合作，形成稳定能源供应模式，保障浙江省能源安全稳定发展。另一方面，浙江省应以《浙江省新型基础设施建设三年行动计划（2020—2022）》提出的"加快智能化油气设施建设"为出发点，充分利用自身在物联网、人工智能、大数据、云计算、5G等方面的数字技术优势，通过智慧油气提升自身与中东国家在能源领域合作的竞争优势。②

在新能源领域，有数据表明，中东地区可再生能源市场在2019—2028年将实现13.4%的年均复合增长率。同时中东是世界上太阳光照暴露量最高的地

---

① "产业大脑＋未来工厂"，浙江在这方面要建成全球先进. (2021-08-06)[2023-06-28]. https://i.ifeng.com/c/88SNGGDh2ak.

② 浙江省发展规划研究院. 关于《浙江省新型基础设施建设三年行动计划（2020—2022年）》的解读. (2020-07-17)[2023-06-28]. https://www.zdpi.org.cn/txtread.php?id=13213.

区之一，具有发展太阳能的先天优势。此外，以沙特阿拉伯为代表的部分中东国家已经提出清洁氢能源在国家经济转型中的发展前景。面对全球能源枯竭和气候变化的严峻形势，中国与中东国家将在新能源领域继续巩固和加强合作，并在设施联通与技术共享方面寻找新的合作增长点，以探索可再生能源的合作新路径。浙江省应深度参与中国与中东国家在构建能源立体合作新格局的努力，大力支持以浙江恒石、浙江正泰等企业为代表的浙江省新能源技术与服务的高质量"走出去"，为中东地区新能源合作国家提供覆盖新能源全产业链的智能制造、电站投资、EPC 与运维服务。同时，浙江省应充分利用 5G 智能化技术在新能源基础设施建设应用上提供的新机遇，针对中东国家扩大在该领域的技术交流与建设服务。

（三）发挥技术优势促进数字经济合作

作为"一带一路"的枢纽，浙江省应深化同包括中东国家在内的"数字丝绸之路"重要共建国家的数字合作。一方面，浙江省应通过建设浙江省数字科技创新中心、加强数字技术攻关、推动数字产品研发和应用，加快推进数字产业化。另一方面，浙江省应通过推动数字技术与实体经济深度融合，全面推动产业数字化，同时，应高水平建设杭州"数字丝绸之路"经济合作示范区、乌镇世界互联网创新示范区等国际化平台，打造数字经济国际合作高地，加强数字基础设施、技术、产品与服务的互联互通。

浙江省应立足中东国家的具体数字需求，实现精准合作。在数字技术方面，浙江省可充分利用在智能芯片、智能软件、智能物联、智能计算、区块链等领域国内一流、世界领先的技术优势，助力中东重点合作国家实现数字"软实力"提升。在智慧城市建设方面，浙江省可充分利用在数字政府、数字基础设施、城市治理、公共服务等领域的先发优势，深度参与中东国家智慧城市建设。在电子商务领域，浙江省应发挥在跨境电商领域的产业优势，支持跨境电商平台大力开拓中东市场，进一步提升在沙特、阿联酋等电商蓝海国家的跨境电商产业链和生态圈建设水平。

（四）发挥文化优势促进人文交流合作

在人文交流领域，浙江省可利用自身的文化积淀优势，拓展人文合作领域，丰富浙江省同中东国家的人文合作形式，提升双方的人文交流层次。例如，通过加强浙江省同中东国家在历史学、教育学、新闻传播学以及政治学等重点人文学科的交流，推动各方国情研究，向中东地区人民真实展现中国建设与中国发展成果，以及浙江建设与浙江发展的成果。同时，浙江省应利用已取得的广电传媒合作成果，结合浙江省广电行业优势以及以浙江华策等企业为代表的社交传媒企业在中东国家的影响力，深化浙江省同中东国家的媒体交流合作，做到主动展示、多路传播、高频交流，助力提升中国海外形象。

此外，在加强同中东国家的多层次多领域国际人文交流中，浙江省应依托友好城市交流、塑造以杭州、宁波、温州、金（华）义（乌）四大都市区为代表的特色鲜明的城市国际形象和个性品牌方面加大合作与建设力度。截至2021年底，浙江已同515个外国城市结成友好关系，然而74个省级友城中只有3个来自阿拉伯国家，441个市区级友城中也只有12个来自中东国家。同时，友城交往水平总体偏低，仅停留在人员往来与互访层面，实质性合作不多①，这无疑为浙江省与中东国家通过加强城际互动深化双方人文合作与交流的目标带来限制。为实现浙江省同中东国家城市的友好交流走深走实，双方应从浙江省各主要城市的实际情况入手，在精准把控的基础上选择合适的中东城市作为友好城市对象，通过优势互补、资源共享来加强文化、旅游、影视、教育、卫生医疗等领域国际合作交流，实现浙江省同中东国家城市的深度交流合作。

结 语

2023年7月，《中共中央 国务院关于促进民营经济发展壮大的意见》（以下简称《意见》）正式发布，《意见》围绕民营企业在公平竞争、政策支持、法治保障等方面的核心关切提出了31条举措，对于民营企业坚定信心、大胆发展具有重要的激励和指导作用。浙江省作为民营企业大省，上述举措的出台无疑将对浙江企业继续坚守主业和做强实业、通过加快转型升级实现高质量发展起到积极推动作用，同样也必将助力浙江省同中东国家进一步实现共同发展、深化共赢合作。在"八八战略"引领下，在与中东国家深化"一带一路"多领域国际合作的实践过程中，浙江省应进一步提升作为经济强省的核心竞争力，重点发展新一代信息技术产业、高端装备与新能源等新兴产业，在巩固升级优势产业的同时，谋划布局数字经济、生命健康、新材料等重点领域和未来产

---

① 周玲. 浙江省与阿拉伯国家合作交流的现状、特点与前景 // 周倩，刘鸿武. 浙江省参与"一带一路"建设发展报告（2022）》. 杭州：浙江大学出版社，2022：100.

业。同时作为开放大省，浙江省应进一步发挥"一带一路"重要枢纽功能，继续打造高水平开放型经济新体制。通过打造"一带一路"重要枢纽中的新作为与新担当，浙江省将继续丰富和发展"八八战略"的精髓要义，续写中国式现代化中省域国际合作与对外开放的新篇章。

领域篇

浙江省与中东国家贸易合作报告

王 阳

摘 要：近年来，随着"一带一路"倡议的不断推进，中国和中东国家的贸易合作取得了长足进展。2022年，中国同中东国家贸易规模继续保持高位，遥遥领先于中国同前三大贸易伙伴东盟、欧盟和美国的增速。本报告借助翔实的数据资料，探究了共建"一带一路"背景下中国与中东贸易合作的现状及主要特征，浙江省与中东国家贸易合作的现状及进出口商品结构特点，并在此基础上，总结浙江省与中东国家贸易合作的机遇与挑战，从完善双边合作机制、开拓数字经济合作模式、有效应对技术贸易壁垒等方面提出有针对性的对策建议。

关键词："一带一路"；浙江省；中东；贸易合作

作者简介：王阳，经济学博士，浙江外国语学院国际商学院讲师。

中东地区位于欧洲、亚洲和非洲三大洲的交界地带，位于"一带一路"交汇点，是一个具有悠久历史和深厚文化的地区，中东能源资源丰裕，被誉为"世界油库"，也因此成为世界能源市场主要的供应商。除能源产品之外，金属、农产品、化学品及纺织品等也是中东市场主要的出口产品。同时，中东地区有着广阔的消费者市场，蕴藏着巨大的贸易潜力和机遇。自古以来，借助于"丝绸之路"，中国与中东国家始终保持着密切的经贸往来。中东地区有将近15个国家为共建"一带一路"国家，为加强双边经贸合作提供契机。

近年来，随着中国共建"一带一路"的不断推进，中国与中东国家的经贸合作水平不断提升。虽然近几年受新冠疫情影响，全球市场表现低迷，但中国与中东国家双边的经贸合作依然抢眼。2022年，中国与中东国家贸易额达到

5071.5 亿美元，实现 27.1% 的增速[①]，领先于中国同欧盟、东盟以及美国的贸易增幅。相信在双边继续深化经贸合作的基础上，中国与中东国家的贸易合作将有更加广阔的前景。

一、浙江省与中东国家贸易合作的背景条件

（一）中国与中东国家贸易关系发展情况

就双边贸易而言，中国与中东国家的进出口贸易额从 1995 年的不足 60 亿美元，提升至 2012 年的 12515.3 亿美元，2021 年再提升至 19176.1 亿美元。[②]中国的经济发展及能源安全很大程度上依赖于进口中东地区丰富的石油资源，中国的机械产品、纺织品、玩具及家电产品等在中东也占有较大的市场份额。中国与中东地区互补性强，合作意愿强烈。中国稳居阿拉伯国家第一大贸易伙伴国的地位。

就贸易方式而言，数字经济的产生和发展使双边贸易方式发生了变化。借助于"网上丝绸之路"的产生和发展，双边的电子商务（包括跨境电商）等新型贸易模式油然而生，也逐渐成为中国（浙江）与中东贸易合作的主要形式。得益于浙江（杭州）电商迅猛的发展势头及显著优势，双边电子商务快速发展，成为双边贸易合作的新亮点。

就贸易前景而言，全球化产业链重构背景下，双边经贸合作前景广阔。习近平主席在 2013 年访问中亚四国和东盟时分别提出了共建"丝绸之路经济带"和"21 世纪海上丝绸之路"的倡议。我国政府在 2017 年及 2019 年主办了两届高规格的"一带一路"国际合作高峰论坛，均得到了欧洲、亚洲、非洲和拉美等地区相关国家的大力支持，与会各国共同推动了"六廊六路多港"互联互通合作机制的构建和完善，为有效应对发达国家的贸易保护主义和贸易摩擦提供了中国智慧和中国方案。

（二）浙江与中东国家贸易合作条件

中国是全球最大的贸易国之一，是世界上最大的出口国，也是世界上最大的服务进口国之一。近年来，中国积极开放对外贸易，积极推行贸易自由化和

---

① 中国—中东国家经贸合作大展宏"兔". (2023-02-03)[2023-06-25]. https://rmh.pdnews.cn/Pc/ArtlnfoApi/article?id=33755335.

② 中国与中东贸易：潜力巨大，风险犹存. (2019-11-13)[2023-07-08]. https://www.sohu.com/a/353671151_649040.

便利化，积极参与区域经济合作。中国对外贸易逐渐由单一的加工贸易过渡至多元化的贸易。中国正逐渐摆脱依赖出口的局面，实现进出口贸易的平衡发展。与此同时，中国经济各领域的对外开放程度也在不断加深。中国经济推进跨境电商以及自由贸易试验区（港）建设等项目，为打造更加开放、透明的营商环境做出了积极的贡献。

浙江作为中国的货物贸易大省，对外贸易依存度在全国一直名列前茅，对全国外贸贡献率不断提升，一般贸易出口额连续多年居全国首位。2021 年，外贸依存度达 56.4%，外贸成为拉动浙江经济增长的重要因素，在稳定增长和扩大就业方面发挥了重要作用。同时，浙江省专业市场发达，具有丰裕的资本禀赋，机电产品、农产品及纺织品等各大类商品出口长期保持稳定增长，呈现出较大的出口需求。浙江省对中东的资源又有着较大的进口需求，体现了浙江省与中东贸易较强的互补性。更为重要的是，浙江省致力于打造展现新时代中国特色社会主义制度优越性的重要窗口，致力于高质量建设发展共同富裕示范区，加快建设以先进制造业为支撑的贸易强省，也为浙江省与中东贸易合作提供了更多的机遇和可能性。

二、浙江省与中东国家贸易合作的情况及特征

（一）贸易发展的规模

1. 进出口贸易的发展规模

从进出口贸易规模来看，表 1 的统计数据表明，中国对中东国家的货物进出口总额从 2012 年的 12515.3 亿美元持续提升到 2014 年的 16148.9 亿美元，同 2012 年相比增长了 29%，之后有所回落，持续降低到 2016 年的 13021.7 亿美元，该年同比增长率也下降了 12.8%，自 2017 年开始呈迅速回升状态，持续提升到 2021 年的 19176.1 亿美元，同比实现了 24.9% 的高位增长。在全国进出口总额中的比重自 2012 年的 32.4% 持续提升到 2015 年的 37.8%，下降到 2018 年的历史低位 30% 后同样迅速回升，虽在 2021 年有小幅下降，但总体上保持在 30% 以上。

相应地，中国对中东的外贸依存度先从 2012 年的 15.2% 下降到 2013 年的 14.8%，之后也迅速回升到 2014 年的 17.5%，之后下跌至 2018 年的历史低位 9.9% 后，又持续回升到 2021 年的 11%，总体上虽呈跌宕起伏之势，但年平

均水平依然保持在 12% 以上，如表 1 所示。进一步分析发现，2012—2022 年，中国对中东的贸易差额处于持续顺差状态，从 2012 年的 9894.7 亿美元持续增长到 2015 年的 13181 亿美元，同 2012 年相比增长了 33.2%，经 2016 年小幅回落之后，持续增长到 2021 年的 16041.9 亿美元。这表明，总体上中国对中东的贸易顺差正在呈不断扩大趋势。

表 1　2012—2022 年中国对中东货物进出口贸易额

年份	金额/亿美元	同比增长/%	占全国比重/%	外贸依存度/%
2012	12515.3	—	32.4	15.2
2013	13874.7	10.9	33.4	14.8
2014	16148.9	16.4	37.5	17.5
2015	14927.0	−7.6	37.8	14.2
2016	13021.7	−12.8	35.3	12.1
2017	13543.3	4.0	33.0	10.8
2018	13865.3	2.4	30.0	9.9
2019	14896.0	7.4	32.5	10.4
2020	15359.5	3.1	33.0	10.4
2021	19176.1	24.9	31.7	11.0
2022	—	—	—	—

资料来源：联合国贸易数据库. (2022-11-03)[2023-01-13]. https://comtradeplus.un.org/TradeFlow.
中国国家统计局数据库. (2022-12-28)[2023-01-13]. https://www.stats.gov.cn/sj/ndsj/2021/indexch.htm.
杭州海关. (2022-12-20)[2023-01-13]. hangzhou.customs.gov.cn/hagnzhou_customs/575609/zlbd/575612/575612/4751191/index.html.

　　表 2 的统计数据表明，浙江省对中东国家的进出口总额 2012 年为 267.5 亿美元，到 2022 年为 672.3 亿美元，增长幅度高达 151.4%；虽然在 2016 年呈小幅回落状态，同比增长下降 13.1%，但在 2017 年实现 12.6% 的同步增长，并在 2021 年达到 23.6% 的同步增长幅度，总体上呈持续正向稳步增长态势。浙江省对中东国家的进出口总额在浙江进出口总额中的比重自 2013 年开始总体上升到 2016 年的 11.1%，自 2017 年开始回落后，直到 2022 年出现 11.9% 的新高，总体上保持在 10% 左右。浙江省对中东国家的进出口总额占全国同类的比重从 2012 年的 2.1% 持续增长到 2021 年的 3.3%。从进一步分析来看，2012—2022 年浙江省与中东的贸易差额始终处于顺差状态，顺差规模最大的是 2015 年的 287.8 亿美元，之后开始持续收窄，直到 2022 年的最小规模 91 亿美元。这体现了浙江省与中东的双边贸易模式，浙江省以出口导向为主，进口有了逐年扩大的态势，双边合作的进出口贸易规模体现出愈加平衡的结构优化。

表 2　2012—2022 年浙江对中东货物进出口贸易额

年份	金额 / 亿美元	同比增长 /%	占浙江进出口总额比重 /%	占全国同类比重 /%
2012	267.5	—	8.6	2.1
2013	349.1	30.5	10.9	2.5
2014	384.0	10.0	10.8	2.4
2015	408.0	6.2	11.7	2.7
2016	354.6	−13.1	11.1	2.7
2017	399.1	12.6	10.3	3.0
2018	407.7	2.1	9.2	2.9
2019	459.6	12.7	10.3	3.1
2020	510.8	11.2	10.4	3.3
2021	631.2	23.6	10.0	3.3
2022	672.3	6.5	11.9	—

资料来源：联合国贸易数据库 . (2022-11-03)[2023-01-13]. https://comtradeplus.un.org/TradeFlow.
中国国家统计局数据库 . (2022-12-28)[2023-01-13]. https://www.stats.gov.cn/sj/ndsj/2021/indexch.htm.
杭州海关 . (2022-12-20)[2023-01-13]. hangzhou.customs.gov.cn./hagnzhou_customs/575609/zlbd/575612/575612/4751191/index.html.2022 年数据为 1—10 月 .

　　总体来看，中国与中东的进出口贸易规模变化在 2012—2022 年出现了"V"字形的变化态势，说明双边贸易联系的紧密度在此期间虽有下降但正在不断提升，贸易条件持续向好。双边进出口贸易中始终处于顺差状态，且顺差的规模也在持续扩大。尽管浙江省在与中东国家的进出口贸易中仍然处于持续顺差状态，值得注意的是，贸易顺差的规模自 2015 年以来呈逐步收窄的态势。虽然浙江的出口贸易具有一定的比较优势，但从一般商品贸易交换的角度来看，未来应积极实施贸易平衡战略，在扩大出口规模的同时，兼顾国家和地区经济高质量发展过程中对能源等战略性贸易商品的进口需求。

　　2. 出口贸易发展的规模

　　从出口贸易规模来看，表 3 的统计数据表明，中国对中东国家的货物出口总额从 2012 年的 11205 亿美元增长到 2021 年的 17609 亿美元，与 2012 年相比增长了 57.2%；占全国出口总额的比重从 2012 年的 5.5% 提高到 2015 年的峰值 6.2%，虽自 2016 年起有小幅回落，但在 2020 年又再创新高。面对严峻复杂的国际形势，特别是新冠疫情的严重冲击，总体上均值仍保持在 5% 以上。出口依存度方面，中国对中东的出口依存度在 2014 年创下历史高位 16%，虽在 2015 和 2016 年出口贸易额呈下降趋势下，仍保持 11% 以上的水平，年均水平也达到 11% 以上。总体来看，中国对中东国家的出口规模虽呈现出一定的跌宕起伏状态，但依然在贸易保护主义盛行的逆全球化态势下保持了较为稳定的增长速度，尤其是 2021 年的出口总额创下新高，同比增长幅度达到了 23.3% 的峰值，体现了我国与中东国家的出口贸易总体上处于上升态势，具有较大的发展空间。

表 3　2012—2022 年中国对中东货物出口贸易额

年份	金额 /亿美元	同比增长 /%	占全国出口额比重 /%	出口依存度 /%
2012	11205	—	5.5	13.6
2013	12528	11.8	5.7	13.4
2014	14796	18.1	6.3	16.0
2015	14054	−5.0	6.2	13.4
2016	12285	−12.6	5.9	11.5
2017	12561	2.3	5.6	10
2018	12485	−0.6	5.0	8.9
2019	13527	8.4	5.4	9.4
2020	14286	5.6	5.5	9.7
2021	17609	23.3	5.2	10.1
2022	—		6.0	—

资料来源：联合国贸易数据库. (2022-11-03)[2023-01-13]. https://comtradeplus.un.org/TradeFlow.
中国国家统计局数据库. (2022-12-28)[2023-01-13]. https://www.stats.gov.cn/sj/ndsj/2021/indexch.htm.
杭州海关. (2022-12-20)[2023-01-13]. hangzhou.customs.gov.cn/hagnzhou_customs/575609/zlbd/575612/575612/4751191/index.html. 2022 年数据为 1—11 月.

表 4 的统计数据表明，浙江省对中东国家的货物出口总额从 2012 年的 210.2 亿美元增长到了 2022 年的 381.7 亿美元，与 2012 年相比增长了 81.6%，虽然有一定的起伏，但总体上保持了较为稳定的增长态势。总体来看，浙江省作为我国的外贸大省，对中东国家的出口总额总体上呈上升趋势，在浙江省出口总额中占比基本保持在 9% 左右。更重要的是，浙江省对中东国家出口额占浙江出口总额的比重保持在 10% 左右，在全国同类出口总额中占比也基本保持在 2% 以上，说明浙江省在中国与中东国家的出口贸易关系中一直发挥着重要作用。今后，可持续优化出口目标市场布局，深度拓展中东市场。

表 4　2012—2022 年浙江省对中东货物出口贸易额

年份	金额 /亿美元	同比增长 /%	占浙江进出口总额比重 /%	占全国同类比重 /%
2012	210.2	8.5	9.4	1.9
2013	278.6	29.5	11.2	2.2
2014	320.0	15.2	11.7	2.1
2015	347.9	8.7	12.6	2.5

年份	金额/亿美元	同比增长/%	占浙江进出口总额比重/%	占全国同类比重/%
2016	302.9	−2.7	11.9	2.5
2017	314.4	−1.1	10.7	2.5
2018	306.4	−5.1	9.3	2.5
2019	343.2	18.4	10.3	2.5
2020	361.9	5.7	9.9	2.5
2021	396.7	4	8.6	2.3
2022	381.7	24.1	9.2	—

资料来源：联合国贸易数据库. (2022-11-03)[2023-01-13]. https://comtradeplus.un.org/TradeFlow.
中国国家统计局数据库. (2022-12-28)[2023-01-13]. https://www.stats.gov.cn/sj/ndsj/2021/indexch.htm.
杭州海关. (2022-12-20)[2023-01-13]. hangzhou.customs.gov.cn./hagnzhou_customs/575609/zlbd/575612/575612/4751191/index.html.2022 年数据为 1—10 月。

3. 进口贸易发展的规模

从进口贸易规模来看，表 5 的统计数据表明，中国对中东国家的货物进口总额从 2012 年的 1310.3 亿美元下降到 2016 年的 736.7 亿美元，自 2017 年开始逐步上升到 2021 年的 1567.1 亿美元，虽然在 2020 年呈负增长，但 2021 年实现了 46% 的大幅度增长；占全国进口总额的比重从 2012 年的 7.2% 下降到 2021 年的 5.8%，在 2016 年达到历史低位 4.6%，总体保持在 5% 左右。中国对中东国家的进口依存度从 2012 年的 1.6% 下降到 2016 年的低位 0.7%，之后又缓慢回升至 2021 年的 0.9%，总体上呈下降趋势。总体来看，中国对中东国家的进口规模及其同比增长、占全国进口额比重以及进口依存度等都呈现出明显的"V"字形变化态势，一定程度上预示着中国对中东的货物进口规模呈不断扩大的发展趋势。

表 5　2012—2022 年中国对中东货物进口贸易额

年份	金额/亿美元	同比增长/%	占全国进口额比重/%	进口依存度/%
2012	1310.3	—	7.2	1.6
2013	1346.7	2.8	6.9	1.4
2014	1352.9	0.5	6.9	1.5
2015	873.0	−35.5	5.2	0.8
2016	736.7	−15.6	4.6	0.7
2017	982.3	33.3	5.3	0.8
2018	1380.3	40.5	6.5	1.0
2019	1369.0	−0.8	6.6	1.0
2020	1073.5	−21.6	5.2	0.7

续表

年份	金额/亿美元	同比增长/%	占全国进口额比重/%	进口依存度/%
2021	1567.1	46.0	5.8	0.9
2022	2420.8	54.5	10.1	—

资料来源：资料来源：联合国贸易数据库. (2022-11-03)[2023-01-13]. https://comtradeplus.un.org/TradeFlow.
中国国家统计局数据库. (2022-12-28)[2023-01-13]. https://www.stats.gov.cn/sj/ndsj/2021/indexch.htm.
杭州海关. (2022-12-20)[2023-01-13]. hangzhou.customs.gov.cn./hagnzhou_customs/575609/zlbd/575612/575612/
4751191/index.html.

　　表 6 的统计数据表明，浙江省对中东国家的进口总额从 2012 年的 57.3 亿美元迅速增加到 2013 年的 70.5 亿美元，实现了 15.6% 的同比增长，自 2014 年开始小幅回落至 2016 年的 51.6 亿美元，创下历史新低，但自 2017 年实现了 56.1% 的同步增长并开始逐年增加，直至 2022 年的 290.7 亿美元，也实现了同步增长率 72.8% 的历史高位。其占全国同类比重也从 2012 年的 4.4% 持续上升到 2021 年的 15%。总体来看，浙江省的资源禀赋劣势决定了其是一个外贸进口大省，尤其是在战略性资源方面的匮乏，加速了浙江省对中东进口贸易额的持续增长趋势。同样，浙江省对中东国家的进口额占全国同类进口总额的比重增长也相当显著，占浙江省进口总额的比重也在稳步提高，从 2012 年的 6.5% 持续增长到 2022 年的 19.4%，环比增长了 197%，取得了突破性进展，说明中东日益成为浙江省极具发展潜力的战略性进口目标市场地区，双方的进出口贸易合作也愈加默契。

表 6　2012—2022 年浙江省对中东货物进口贸易额

年份	金额/亿美元	同比增长/%	占浙江省进口总额比重/%	占全国同类比重/%
2012	57.3	−14.2	6.5	4.4
2013	70.5	15.6	8.1	5.2
2014	64.0	−9.0	7.8	4.7
2015	60.1	−6.0	8.5	6.9
2016	51.6	−3.9	7.9	7.0
2017	84.7	56.1	9.1	8.6
2018	101.3	16.4	8.9	7.3
2019	116.4	24.9	10.3	8.5
2020	148.9	28.0	11.9	13.9
2021	234.5	50.2	13.6	15.0
2022	290.7	72.8	19.4	—

资料来源：资料来源：联合国贸易数据库. (2022-11-03)[2023-01-13]. https://comtradeplus.un.org/TradeFlow.
中国国家统计局数据库. (2022-12-28)[2023-01-13]. https://www.stats.gov.cn/sj/ndsj/2021/indexch.htm.
杭州海关. (2022-12-20)[2023-01-13]. hangzhou.customs.gov.cn./hagnzhou_customs/575609/zlbd/575612/575612/
4751191/index.html.2022 年数据为 1—10 月。

（二）进出口商品结构与国别特征

1. 商品结构

（1）出口贸易

从出口贸易商品结构来看，中国对中东地区出口大量工业制品和生活消费品，其中食品和轻纺产品占主要份额，涉及的商品类别主要有第 6 类化学工业及相关工业产品，第 16 类机电、音像设备及其零件、附件，第 7 类塑料及其制品，第 11 类纺织原料及纺织制品等。按照 1996 年起实施的《商品名称及编码协调制度》（The Harmonized Commodity Description and Coding System，HS1996）分类方法，中国出口中东的主要商品是第 87 章车辆及其零附件，第 84 章机械设备，第 85 章电机、电气、音像设备及其零附件，第 62 章机织服装等。

出口商品结构方面，工业制品在中国对中东国家的出口商品类别中占有较大比重。同时，鉴于五金、家电、工艺品及玩具等在中东国家具有较大的市场份额，我国向阿联酋出口的商品主要为轻工及机电产品。总体而言，中国对中东国家出口商品主要为劳动密集型和资本密集型的加工制造品，尤其是位于价值链中上游的资本密集型商品出口占比逐年上升，这与中国的供给侧结构性改革和产业结构转型升级密切相关，双方的贸易合作蕴藏着巨大的潜力。在海湾国家中，与阿联酋、沙特和伊拉克的进口产品类似，贸易竞争性加大。

（2）进口贸易

从进口贸易商品结构来看，中国从中东主要进口原油及相关初级大宗商品，涉及商品类别主要有第 5 类矿产品，第 7 类塑料及其制品、橡胶及其制品等。按照 HS1996 分类方法，中国自中东进口的主要商品是第 27 章矿物燃料、矿物油及其产品，第 29 章有机化学品，第 39 章塑料及其制品等。根据要素禀赋理论，中国对中东国家的出口优势主要表现为明显的劳动密集型产业优势，而中东国家的出口优势主要表现为明显的资源密集产业优势，这也为双边贸易的互补性提供了更大的空间和可能性。

（3）进出口贸易方面

从进出口商品双向结构来看，中国对中东的进口额在 2022 年实现了 43.3% 的增长幅度，且有不断扩大的趋势，一定程度上也体现了我国对中东国家的贸易逆差在不断扩大。从具体商品结构来看，2022 年前 11 个月，我国自中东矿产品的进口额达到了 2114.9 亿美元，占同期我国自中东进口矿产品总额的 85.4%。①

值得注意的是，我国对中东在机电及机械器具、贱金属及其制品、纺织品及原料等方面的贸易顺差上具有明显优势，而化工产品、塑料橡胶及其制品方面的双向贸易规模基本平衡。总体来看，中国进口中东的商品主要是与能源相关的商品，对中东国家的能源需求在持续上升，除了石油以外，非石油商品在中国产业结构优化升级过程中同样具有较大需求。总体来看，双边进出口产品结构相对单一，初级产品及技术密集型产品的贸易空间有进一步提升的可能性。

表 7 　2022 年 1—11 月中国对中东进出口主要商品贸易差额

序号	商品	出口额/亿美元	进口额/亿美元	贸易差额/亿美元
1	机电及机械器具	617.2	53.9	563.3
2	贱金属及其制品	262.9	38.6	224.3
3	纺织品及原料	201.3	6.5	194.8
4	化工产品	126.7	115.1	11.6
5	塑料橡胶及其制品	127.1	109.0	18.1

资料来源：宁波航运交易所.(2022-11-03)[2023-01-13]. https://datav.aliyuncs.com/share/23f7493d997206764facef427878bd59f

2. 国别特征

（1）出口贸易方面

从出口贸易的国别占比来看，如图 1 所示，2012—2021 年，中国对中东国家货物出口贸易主要集中于阿联酋、沙特阿拉伯、土耳其、伊朗、以色列及伊拉克等主要国家和地区。2022 年 10 月，中国对阿联酋出口商品总值为 499409.7 万美元，2022 年 1—10 月中国对阿联酋出口商品总值为 4435844.4 万美元，相比 2021 年同期增长了 987465.7 万美元，同比增长 28.8%；中国自阿联酋进口商品总值为 3634208.7 万美元，相比 2021 年同期增长了 3398662.9 万美元，同比增长 72.4%。2021 年，我国向阿联酋出口商品 437.5 亿美元，同比增长 35.4%，占我国商品出口总额的 1.3%。

① 2022 年上半年"一带一路"贸易分析.(2022-07-22)[2023-07-08]. https://www.sohu.com/a/570344686_99947734.

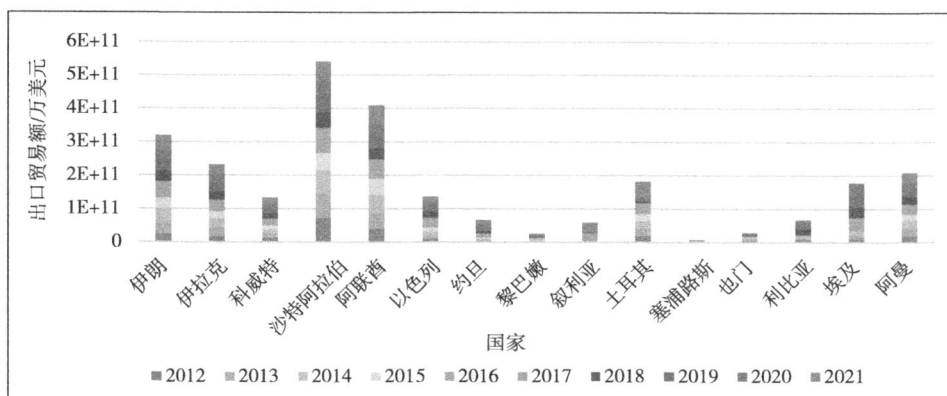

图 1　2012—2021 年中国对中东国家货物出口贸易额

资料来源：资料来源：联合国贸易数据库 . (2022–11–03)[2023–01–13]. https://comtradeplus.un.org/TradeFlow. 中国国家统计局数据库 . (2022–12–28)[2023–01–13]. https://www.stats.gov.cn/sj/ndsj/2021/indexch.htm.
杭州海关 . (2022–12–20)[2023–01–13]. hangzhou.customs.gov.cn./hagnzhou_customs/575609/zlbd/575612/575612/4751191/index.html.

（2）进口贸易方面

从进口贸易方面来看，如图 2 所示，2012—2021 年，中国对中东国家货物进口贸易主要集中于沙特阿拉伯、伊朗、阿曼、伊拉克、阿联酋等主要国家和地区。2022 年 1—11 月，中国自中东进口 2477.1 亿美元，同比上涨 43.3%；其中排名前三位的国家分别是沙特阿拉伯、阿联酋和伊拉克，出口额分别同比上涨 40.4%、64.2% 和 52.6%。中国对沙特阿拉伯的货物进口总额从 2012 年的 548.6 亿美元持续降低到 2016 年的 236.6 亿美元，同 2012 年相比减少 56.9%，之后开始迅速回升，持续增加到 2021 年的 569.6 亿美元。2022 年 10 月，中国自阿联酋进口商品总值为 414543.5 万美元，中国与阿联酋贸易差额为 84866.2 万美元。2022 年 1—10 月中国与阿联酋贸易差额为 801635.7 万美元，2021 年 1—10 月中国与阿联酋贸易差额为 1346518.6 万美元。2021 年，中国自阿联酋进口商品 285.7 亿美元，同比增长 67.5%，占我国商品进口总额的 1.1%，中国对阿联酋的贸易顺差为 151.8 亿美元，同比下降 0.5%。

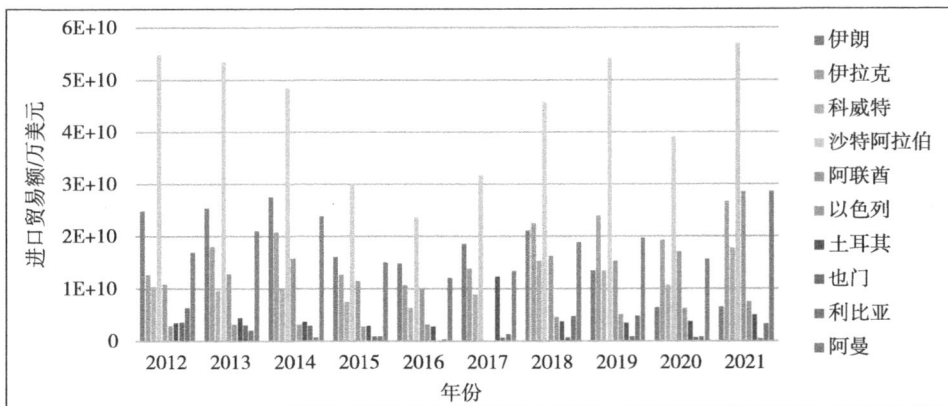

图 2　2012—2021 年中国对中东国家货物进口贸易额

资料来源:资料来源:联合国贸易数据库. (2022-11-03)[2023-01-13]. https://comtradeplus.un.org/TradeFlow.
中国国家统计局数据库. (2022-12-28)[2023-01-13]. https://www.stats.gov.cn/sj/ndsj/2021/indexch.htm.
杭州海关. (2022-12-20)[2023-01-13]. hangzhou.customs.gov.cn.cn/hagnzhou_customs/575609/zlbd/575612/575612/
4751191/index.html.

　　总体来看，中国对沙特的进口规模呈现出明显的"V"字形变化态势，一定程度上也预示着中国对沙特阿拉伯的货物进口规模有不断扩大的发展趋势，沙特阿拉伯日益成为我国在中东地区的重要进口目标市场国。近些年来，我国对石油的依赖极大，为了保持石油储备的稳定，我国每年都从伊拉克、伊朗及沙特阿拉伯等国家进口石油，但因伊朗石油产能有限，向我国出口的石油总量排名相对靠后，伊朗已经不是我国的主要石油进口国。可以看出，中国与中东国家进口贸易的紧密度与进出口双向贸易规模基本保持一致。

　　（3）国别特征

　　从进出口贸易的国别占比来看，如图 3 所示，2012—2022 年，中国对中东国家货物进出口贸易主要集中于阿联酋、沙特阿拉伯、伊朗、伊拉克、土耳其、阿曼及埃及等主要国家和地区，其中排名前三位的国家分别是沙特阿拉伯、阿联酋和伊拉克，进出口额分别同比增长 35.3%、42.0% 和 46.2%。地处亚洲和非洲之间以及靠近战略航道的地理位置，让沙特阿拉伯对于"一带一路"倡议具有独特的重要性。"沙特阿拉伯 2030 愿景"旨在使沙特阿拉伯成为国际贸易、旅游和投资中心。虽然新冠疫情后的经济复苏推动了"未来城"等愿景项目的进展，但将沙特经济与"一带一路"倡议对接对于实现这一战略目标至关重要。2021 年，中国与沙特阿拉伯双边贸易额达到 873 亿美元，与 1990 年建交时相比，增长了逾 200 倍。中国-阿联酋双向投资和经贸的倍数级增长，是中国-阿联酋务实合作活力的明证。近年来,中国"一带一路"倡议与阿联酋"50 计划"高度一致,双方的合作越来越具有战略性、开拓性和创新性。阿联酋是"一带一路"倡议的重要枢纽和区域航空、交通和金融中心,同时也是中国企业"走向全球"的重要门户、中国游客的热门目的地。2022 年 10 月,中国与阿联酋双边货物进出口额为 913953.1 万美元,相比 2021 年同期增长了 269258.3 万美元,2022 年 1—10 月中国与阿联酋双边货物进出口额为 8070053 万美元,相比 2021 年同期增长了 2519814.3 万美元,同比增长 45.4%。2021 年,中国对阿联酋商品进出口总额为 723.3 亿美元,同比增长 46.5%,占 2021 年我国商品进出口总额的 1.2%。

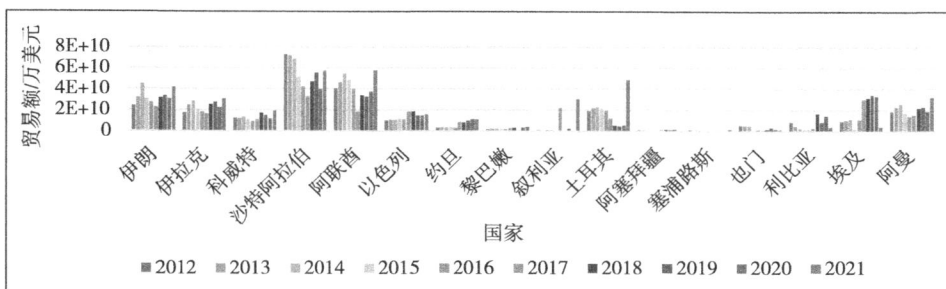

图 3　2012—2021 年中国对中东国家货物进出口贸易主要国家

资料来源:资料来源:联合国贸易数据库. (2022-11-03)[2023-01-13]. https://comtradeplus.un.org/TradeFlow.
中国国家统计局数据库. (2022-12-28)[2023-01-13]. https://www.stats.gov.cn/sj/ndsj/2021/indexch.htm.
杭州海关. (2022-12-20)[2023-01-13]. hangzhou.customs.gov.cn./hagnzhou_customs/575609/zlbd/575612/575612/4751191/index.html.

可以看出,中国与中东进出口均高于全国总体水平,中东在中国贸易版图中的占比逐步提升。总体来看,中国与中东国家贸易国主要为前 5 大贸易国——沙特阿拉伯、阿联酋、伊朗、伊拉克及科威特。过高的贸易集中度伴随着较高程度的贸易顺差,一定程度上不利于中国与其他中东国家开展可持续增长贸易规模的双边贸易。

三、浙江省与中东国家贸易合作成效与经验

近年来,中东各国在探索各自发展道路上取得积极进展,推出一系列适合本国发展的规划和设想,这些规划与"一带一路"倡议高度契合:埃及新行政首都建设、中埃苏伊士经贸合作区、中阿(联酋)产能合作示范园、卡塔尔供水项目等便是"一带一路"倡议和中东国家各自发展计划对接的成功范例。在

今天，中国与中东国家共克时艰，携手并进，各领域合作取得长足发展，体现出双方友谊的深厚和强劲。

（一）货物贸易领域

作为走在对外开放前列的外贸大省，浙江省充分发挥自身优势，积极开展与中东国家的贸易合作。自 2013 年 11 月双边建交以来，中国与中东国家在经济、贸易、人文合作等多领域展开了深入的合作。历经 10 年，浙江一直积极落实国家优化对外经贸合作布局，一直把中东国家作为经贸合作的重要板块，并取得了一定的积极成效。2020 年 3 月，由浙江中国小商品城集团、迪拜环球港务集团共同投资的迪拜义乌中国小商品城开工，这是全球最大的小商品集散地义乌在海外建设的首个市场。2021 年 6 月，第二届展会令双边贸易合作迈上新台阶。

浙江借助数字经济以及数字贸易的发展优势，不仅深化了双边原有传统贸易领域的合作，也为双边在贸易新业态的合作提供了更加广阔的机遇。中东地区是"一带一路"建设的重要合作伙伴，浙江省与中东的贸易合作搭上数字经济发展的"快车"，双方在数字贸易领域的合作成为更加亮眼的存在。通过由点带面的突破方式，众多企业通过不断提高自身竞争力，实现数字化升级从而持续扩大市场份额，极大地推动了商品贸易渠道的畅通，一定程度上也体现了浙江在数字经济方面的优势，也为未来浙江充分发挥数字经济优势，展现更多浙江智慧提供空间。

（二）跨境电商领域

借助数字经济的快速发展，浙江与中东国家在跨境电商领域的合作也步入了"新车道"，双方围绕数字技术领域展开深入合作。疫情期间，浙江充分发挥自身数字贸易优势，借助数字贸易平台与中东国家建立数字贸易连接，提供"云"服务。2022 年 6 月，浙江省海港集团、宁波舟山港集团贯彻落实浙江省委、省政府相关部署要求，深度参与"一带一路"建设，首个海外项目—迪拜站项目正式落地，成为推进双边开放合作的重要载体。同时，迪拜是温州市低压电器、五金、丝织品和女士用包等产品的主要出口地。2022 年 1—10 月，温州对阿联酋出口额大幅增长 53%①，出口态势良好。2023 年，浙江提出以更大力度实施数字经济，推动数字化发展。

经过疫情的"大考"，植入"数字"元素的跨境电商企业出口模式逐步得到青睐。跨境电商的发展离不开更高效率的数字贸易发展，数字贸易平台的"云服务"优势极大地推动了浙江省与中东国家在跨境电商领域的深入合作。浙江省在数字技术服务贸易方面的比较优势，极大地减轻了本土企业在外部市场所遭遇的竞争以及贸易壁垒。未来，数字贸易也将成为中国（浙江）与中东国家经贸合作的重要桥梁和纽带，也是实现双边共享数字经济福利的重要路径。一方面，数字贸易能够充分发挥浙江省在数字经济方面的优势；另一方面，发展数字贸易也对接了中东国家对于数字化转型的需求。

（三）科技合作领域

"双循环"背景下，浙江省紧跟国家步伐，不断深化与中东国家的科技合作交流，建设国际科技合作载体、开展联合研发项目合作，取得了丰硕的成果。近年来，在"一带一路"建设的强劲驱动下，中国同中东国家的合作领域不断拓展，中东各国在探索各自发展道路上取得积极进展，推出一系列适合本国发展的规划和设想，以埃及"2030 愿景"等为代表的科技创新合作已成为中国—中东国家合作的新亮点，这些规划与"一带一路"倡议高度契合。

借助中国（浙江）自由贸易试验区的辐射效应，众多高新技术企业切实从客户需求出发，持续提升自身跻身国际市场的竞争力，为加快中东国家先进技术转化与成果示范提供了更广阔的合作空间。多层次的产能深入合作极大地提升了本土企业在中东国家产能合作中的参与度，为切实加强未来在科技创新等领域的合作奠定了良好的基础。未来，双方继续强化智库支撑、扩大开放交流、加强科研布局，打造中国—中东国家科技创新合作"浙江样板"。

四、浙江省与中东国家贸易合作的机遇与挑战

随着新冠疫情后各国重启经济，国际竞合局势必将发生新的变化，中国与中东国家经贸合作也迎来新的机遇和挑战。在变局中开好新局，在更趋复杂的国际环境中夯实中国—中东经贸投资基础，在化解双方合作障碍的同时，挖掘

① 温州市海外商务团飞赴阿联酋拓市场. (2022-12-09)[2023-06-05]. https://www.zj.gov.cn/atr/2022/12/19/atr_1554469_60022992.html.

双方更多契合点，推动中国—中东经贸投资行稳致远、迈上新台阶将成为核心目标。

（一）浙江省与中东贸易合作的机遇

目前，虽然浙江省与中东贸易和投资在浙江开放型经济中所占比重并不大，但是浙江与中东国家的务实合作仍有广阔天地，后续增长空间可期。

1. 全方位命运共同体建设

在百年不遇之大变局下，中国与中东国家全方位的深化合作将为双方实现共同发展、繁荣和稳定打下坚实的基础。放眼未来，在双方领导人的引领下，中（浙）与中东双方将继续深化合作，为双方人民创造更加幸福、美好的生活，谱写互利共赢新篇章。

2. 双边贸易合作前景广阔

当前，中东国家正积极应对"工业4.0"带来的科技浪潮，普遍推出再工业化战略，发展提振智能制造业。同时，我国以高铁、通信、航天装备、核电设备为代表的高端制造企业在国际市场崭露头角，双方可以继续深化汽车、机械制造、通用航空、机电产品等领域的合作，并促进数字经济领域的"高精尖缺"人才交流，在云计算、物联网、大数据、人工智能、网络安全、集成电路等重点领域开展深度对接。

3. 依托关键领域开拓贸易合作

依托宁波建设国家级经贸合作示范区，推动境外经贸合作区与境内国际产业园循环机制建立，密切双向联系纽带，在省内各市集聚中东元素，联动推进浙江—中东地方合作高质量发展；以中东国家主要节点城市和港口为重点，打造更多省级境外经贸合作园区，持续扩大浙江自办展在中东国家的规模和影响力，多元布局海外贸易展；以长三角一体化建设为契机，主动开放会展平台，依托中东商品常年展、义乌中国进口商品城、进博会等载体，积极推进浙江省与中东消费品、工业品的交流与合作，带动长三角以及全国外贸企业抱团拓展中东市场，双方未来在数字及绿色领域也有着广阔的合作前景。

4. 贸易结构持续优化

伴随着中国与中东国家贸易合作的不断深化，双边贸易互补性不断升级，贸易结构也将持续优化。中国广阔的市场份额以及相对完整的产业链，为双方在未来重点产业领域的合作提供了契机。未来双方可以以重点产业合作作为支点，充分发挥比较优势，逐步优化贸易商品结构，逐步构建多元化的产业链供应链格局。在"双循环"背景下，浙江省持续发挥自身优势，加强中东元素在浙江省的集聚，推进数字化转型，持续打造国内大循环的战略节点。

（二）浙江省与中东贸易合作面临的挑战

1. 数字经济发展差异，阻碍有效合作

由于我国与中东国家在数字经济发展方面存在着较大的差异，影响我国与中东国家数字经济发展有效合作。由于中东国家的数字经济发展仍处于初步阶段，普遍存在数字基础设施投入不足、数字经济和数字贸易发展过程中人力资本短缺的问题。同时，双方数字经济合作规则和标准制定同步程度不足，这些都成为阻碍双边贸易深度合作的障碍。

2. 双边贸易摩擦凸显，技术性贸易壁垒持续升级

中国与中东国家双边贸易摩擦凸显，技术性贸易壁垒持续升级。当前，技术性贸易壁垒由于其易于采用和实施灵活的特点，逐渐成为中东国家推行贸易保护的主要工具之一，加之浙江省部分企业应对技术贸易壁垒能力较弱，越来越多的技术密集型产品以及资本密集型产品开始成为贸易摩擦的对象，涉及的产品范围也逐渐从原始的服装纺织、农产品等逐渐向机电及化工领域扩展。

五、浙江省与中东国家贸易合作的路径建议

开放合作、共赢发展是时代潮流，也是人心所向，各国所盼。当好对中东国家贸易合作的排头兵、模范生，是浙江扛起"重要窗口"建设的一份担当，也是构筑全面开放新格局、打造中国—中东经济循环战略枢纽的重要支撑。

首先，以创新为引领，完善双边合作机制。中国与中东国家的贸易合作是双方开展多层次合作的重要基础，也是共建"一带一路"的重要体现。中国与中东双方应持续推进双边和多边经贸关系，进一步加快落实中国与中东双方的合作机制，在"一带一路"倡议背景下，提升双边经贸合作水平，持续推进双方在各个领域的深入合作。同时，以创新为引领，积极推进双方在科技、环保、生物技术等重点领域的深入合作，充分发挥双方的互补优势，持续完善经贸合作环境。

其次，开拓数字经济合作模式，进一步促进贸易畅通。加强浙江与相关国家外贸领域标准合作，积极推动双边经贸交流，推动发展经贸合作示范区和自

由贸易试验区等，促进贸易自由化便利化，积极促进中东国家参与"数字丝绸之路"经济合作区，紧密围绕"义新欧"国际大通道建设，切实提高双边跨境电商标准化水平，不断增强浙江省与中东国家的经贸交流。

最后，有效应对技术贸易壁垒，有针对性地输出浙江省内优势产业。近年来，中国与中东国家贸易额呈现稳定增长趋势，但中国与中东的经贸合作壁垒依然较高，特别是中东国家在相关产品方面实施的技术性贸易壁垒，很大程度上阻碍了双边贸易的深度合作。中国企业进入中东市场时，应对当地的市场准入及技术标准有更加准确的认识。同时，在构建国家标准认证体系的层面上，积极推动浙江标准"走出去"，力争在中国（浙江省）与中东国家贸易中，切实减轻本国出口企业的成本负担，提高双边贸易自由化和便利化程度。

当前，百年变局和地区冲突交织叠加，世界进入新的动荡变革期，大国战略竞争日趋激烈，不稳定性和不确定性显著上升。面对世界局势的新变化，中国和中东国家需要深化战略合作，加强团结协作，实现共同发展、繁荣和稳定。放眼未来，中国（浙江省）与中东将继续推进战略对接，打造双方在能源、经贸、高技术等领域高水平合作新格局，为中国、中东人民创造更加幸福、美好的生活，谱写互利共赢新篇章。

浙江省与中东国家能源合作报告

孙　霞

摘　要： 浙江省与中东国家在石油和天然气等传统能源领域的合作较为成熟，尤其是液化天然气的进出口合作，新的接收终端的启用将扩大浙江省从卡塔尔的液化天然气进口规模。在可再生能源、节能环保和氢能等非常规能源领域，浙江省与中东国家的合作潜力巨大并有望持续推进。当前双方在基础设施建设、能源金融、5G 和数据通信等技术在能源领域的运用等方面存在较大合作机遇和空间，同时也存在管理和技术短板、社会和不可抗力、与亚洲大国的竞争等因素的挑战。未来，双方可以在整合完善产业价值链、基础设施建设、能源金融、清洁能源和碳循环经济、数据共享和能源治理话语权等方面加强合作。

关键词： 浙江省；中东国家；能源合作；石油天然气；能源金融；可再生能源

作者简介： 孙霞，法学博士，上海社会科学院国际问题研究所副研究员。

浙江省地处中国长三角地区，经济长期稳定增长。浙江省近 90% 的能源来自煤炭，煤炭发电应用对环境产生了重大影响。为了实现国家能源转型目标，浙江省计划减少对煤炭的依赖，增加天然气和清洁能源的消费。2020 年 12 月 21 日，中国国务院发布了《新时代的中国能源发展》白皮书，取消了对所有能源领域的外国投资限制，包括化石燃料、新能源和除核电以外的发电，为外国公司进入中国能源行业、推动中国能源产业发展、支持中国油气产业进一步开放创造条件。[①]2022 年 5 月 30 日，浙江省政府发布《浙江省能源发展"十四五"规划》，提出在扩大国际能源合作方面要高水平"引进来"，同时还要高质量"走出去"，鼓励省内企业参与国际能源加工生产、能源装备制造、能源服务等

---

① 《新时代的中国能源发展》白皮书.（2020-12-21）[2023-01-26]. http://www.gov.cn/zhengce/2020-12-21/content_5571916.htm.

"一带一路"能源合作，支持开展海上风电、光伏等项目开发。[①]在国家和省级政府的政策指导下，浙江省与能源富集的中东国家的能源合作发展前景广阔。

一、浙江省与中东国家能源合作概况

浙江省的能源企业主要有浙江能源集团有限公司（浙江能源）、浙江石油化工有限公司（浙江石化）、浙江荣盛控股集团有限公司（浙江荣盛）和宁波镇海炼化等。浙江省能源企业业务的多样化和天然气接收终端的建设为扩大与中东国家的能源合作创造了条件。

（一）传统能源领域的合作

1. 石 油

近年来，中国更倾向于向更新、更复杂的私营炼油厂提供原油进口配额，而取消规模较小、污染更严重的私营炼油厂的原油进口配额。中国三大私营炼油商——浙江石化、恒力石化和盛宏石化原油进口配额合计占首批进口配额的38%左右。过去10年，浙江省与中东国家在能源产业的上下游业务合作进展顺利，打通石化全产业链成为浙江省能源规划的最终目标。2018年9月，沙特阿美与浙江荣盛签署了一项长期原油供应协议，预计在开始运营时沙特阿美将每天向舟山炼油厂供应17万桶沙特原油。[②] 2022年，中国非国有企业的原油进口配额约为2.4亿吨，与2021年的初步计划相同。中国已经向私营炼油厂发放了首批2022年原油进口配额，总计1.1亿吨，比2021年的首批配额低11%。浙江石化是获得配额的42家公司之一。[③]浙江石化已经与沙特阿美签下原油采购合同，首单108万吨，价值约53亿元人民币。浙江石化相关人士表示，此次与沙特阿美签约，双方将秉持"长期合作、优势互补、整合资源、共促发展"的理念，发挥自身优势，持续深化合作，谋求共同发展。[④]此外，浙江省已经与沙特阿拉伯签署了三份初步投资协议。第一份协议是收购绿地浙江石化

① 浙江省能源发展"十四五"规划. (2022-05-19)[2022-12-26]. https://www.zj.gov.cn/art/2022/5/19/art_1229019365_2404305.html.

② Meng Meng, Florence Tan. Saudi Aramco to invest in refinery-petrochemical project in east China. (2018-10-18) [2022-12-26]. https://www.reuters.com/article/us-saudi-aramco-china-oil-refinery/saudi-aramco-to-invest-in-refinery-petrochemical-project-in-east-china-idUSKCN1MS0BZ.

③ Tsvetana Paraskova. Beijing slashes import quotas for independent refiners by 11%. (2021-12-30) [2022-12-27]. https://oilprice.com/Energy/Energy-General/Beijing-Slashes-Import-Quotas-For-Independent-Refiners-By-11.html.

④ 共"进"大餐，首批采购签约59.2亿元，浙江交易团开启买买买模式. (2022-11-05) [2023-01-26]. https://baijiahao.baidu.com/s?id=1748638908015644157&wfr=spider&for=pc.

项目9%的股份；第二项是与荣盛石化、巨化集团和桐昆集团签署的原油供应协议；第三项是与浙江能源签署的在浙江省建立为期五年的大型零售燃料网络。在2022年11月的第五届中国国际进口博览会上，浙江石化与沙特阿美签署了一项采购协议，沙特阿美将向浙江石化供应788万桶原油。[①]

2. 天然气

中国国家战略目标是将天然气在其能源结构中的份额从2007年的3.6%提高到2020年的10%。中国正在宁波、海南、天津、福建和珠海等东部沿海地区建设液化天然气接收站。液化天然气接收站建成后，中国的进口能力将达到4101万吨/年。此前，卡塔尔天然气公司向中石油浙江液化天然气接收站交付了第一批液化天然气。卡塔尔天然气公司的Q-Max液化天然气船"扎卡"运送的货物将用于调试新建的液化天然气接收站，此次抵达也标志着中海油在中国第一个终端接收Q-Max液化天然气船的业务。[②]浙江液化天然气接收终端的启用将扩大中国天然气进口和消费规模，有利于能源结构的多元化和低碳化。

（二）新能源领域

1. 可再生能源

以"双碳"目标为核心，中国投入巨资大力发展新能源和节能环保产业，这不仅将极大地推动国内可再生能源产业的发展，同时也为其他国家开拓中国市场提供了机遇。2011年2月，在以色列第4届国际可再生能源国际会议上，以色列国家基础设施部部长乌齐·兰多在新闻发布会上表示，以色列和中国已进行了多项合作，两国在新能源方面的合作前景非常广阔。[③]在以色列看好中国的同时，不少中国能源公司也瞄准了以色列市场，包括早在2008年就进入以色列能源市场的尚德电力控股有限公司，该公司与以色列方面合作建成了以色列的第一个地面电站项目。

《中非经贸合作案例方案集》中，有两个突出的案例是浙江省与埃及的可再生能源合作。浙江恒石纤维基业有限公司（简称恒石公司）是风电产业链前端的玻璃纤维织物制造企业。2014年，恒石公司在埃及苏伊士经贸合作区泰达工业园内投资建设了风电织物生产基地——恒石埃及纤维织物股份有限公司

① Faiza Rizvi. Saudi Aramco signs $735 million crude supply deal with China. Oil & Gas Middle East. 2022.
② Jyotsna Ravishankar. Qatar ships LNG to China's Zhejiang terminal. Oil & Gas Middle East. 2012.
③ 张君. 以中将继续加强新能源合作. 能源与节能，2011（2）.

（简称恒石埃及），主要生产玻璃纤维织物，用于风力发电机叶片材料。该项目有效地带动了当地的劳动力就业和经济发展，填补了埃及当地风电产业链的空白。埃及本班（Benban）光伏电站位于埃及本班地区，距离阿斯旺市区40公里，总占地约225公顷，是埃及第二轮国家FIT（Feed in Tariff）项目。该项目采用单轴跟踪支架和正泰多晶硅组件，为地面安装型太阳能光伏电站，项目范围涵盖融资、开发、设计、采购、建设、安装、运维光伏电站等，投资与总承包方为浙江正泰新能源开发有限公司（简称正泰新能源）与中东电力水力巨头ACWA POWER。[①]2020年1月，浙江正泰承建的165.5兆瓦本班光伏项目顺利移交埃方运营维护。此后，中方团队定期通过视频方式为埃方提供技术支持。埃及首个"太阳能村"、全球最大的光伏产业园之一——本班光伏产业园开始有序运转，为埃及绿色能源发展提供新动能。[②]在共建"一带一路"框架下，中埃可再生能源合作取得丰硕成果，为埃及有效改善能源消费结构和经济可持续增长提供重要保障。

2022年11月25日，中国能源建设集团浙江火电建设有限公司在埃及电力市场的开发又收获一枚硕果——由中能建浙江火电建设有限公司与中国能源建设股份有限公司、中能建国际建设集团有限公司组成的联营体成功签约埃及康翁波500兆瓦光伏电站EPC+O&M项目。埃及康翁波500兆瓦光伏电站项目是中能建浙江火电在埃及签约的首个新能源项目，也是中能建浙江火电积极融入集团公司"一体两翼"海外市场开发体系和"1+2+N+X"海外业务管理体制，加强市场协同联动和聚焦业务转型升级的重要成果。该项目是目前埃及乃至非洲地区单体最大的光伏项目，建成后将有效提高埃及新能源发电占比，优化当地电力供应结构，降低对燃气能源的依赖，促进当地社会经济低碳、绿色、可持续发展。[③]近些年来，中能建浙江火电在埃及成功建设埃及阿布吉尔电站、埃及卡夫拉谢赫变电站、埃及纳赫达赫变电站工程，这些项目的完工既为公司项目建设积累宝贵经验，也扩大了公司的品牌影响力和市场知名度，为成功签约埃及康翁波500兆瓦光伏电站EPC+O&M项目奠定坚实基础。中能建浙江火电开发的新能源项目走向埃及、阿联酋等中东国家，加速开拓国际可再生能源

---

① 6个浙江案例入选《中非经贸合作案例方案集》 数量居全国第三. (2021-09-26) [2022-12-26]. https://zj.ifeng.com/c/89nndvAdzob.

② 凝聚绿色共识，共促绿色发展. 人民日报，2022-02-10（3）.

③ 铁成，严咏青，舒新腾. 中国能建签约埃及康翁波500兆瓦光伏电站项目. (2022-12-03) [2023-01-26]. http://www.ztpc.ceec.net.cn/art/2022/12/3/art_12769_2513497.html.

市场，中东地区可再生能源的市场开发模式日渐成熟。

2. 节能环保

对环保和节能的需求推动可再生能源生产的增长，也推动了电动汽车和为其提供动力的锂电池的销售量上升，锂电池应用于从手机到存储电网的几乎所有领域。以色列等中东国家在太阳能电池研究方面成果令人瞩目，并不断取得技术突破和创新，以色列希望在 10 年内建设的太阳能和储能系统发电量相当于以色列现有电站和发电厂发电量之和。

当前，中国处于共建"一带一路"的关键时期，生态环保是"一带一路"规划中的重要内容。中东国家是中国共建"一带一路"的重要合作伙伴，随着大规模的石油开采和经济发展，中东的空气污染、地表水和地下水污染等问题日渐突出。鉴于中东国家重要的战略地位及生态环境脆弱的现实形势，中国在共建"一带一路"的过程中，通过环保产业的输出，协助中东解决其国内环境问题，是共建绿色丝绸之路的现实需要。2015 年 9 月，在中阿环保合作论坛上，中国环境保护部（现生态环境部）与阿拉伯国家联盟秘书处签署了中国与阿盟《环境合作谅解备忘录》，确定了环境政策对话与交流信息、环境保护产业与技术、环境监测等合作领域。在国家层面，中埃已签署了环境合作备忘录，确定了污水处理技术、固体材料循环利用等领域。可见，上述合作领域均与环保产业合作紧密相关，开展环保合作是对已有机制的拓展和深化。[①]浙江省拥有众多生产节能电子产品和通信设备的环保企业，在节能科技推广和应用服务领域积累了丰富的经验，与中东国家的节能环保合作可以实现双赢。

3. 氢能等非常规能源

中东较富裕的海湾国家正在制定氢能计划，特别是沙特阿拉伯、阿曼和阿联酋，正在准备向欧洲国家和亚洲其他国家出口清洁的氢能。海湾地区蕴藏充足的天然气（可以结合碳捕获技术生产蓝氢），该地区还计划利用可再生电力生产完全脱碳的绿氢。海湾国家的大多数氢能出口都瞄准了亚太地区。2022 年 12 月 8 日，中国与沙特阿拉伯签署了关于氢能和鼓励两国之间直接投资的谅解备忘录，沙特阿美和中石化将合作开展灰氢生产过程中碳捕获的研究和产业，符合中石化成为中国最大氢能公司的目标。到 2025 年，中石化将把加氢站的数量从 74 个增加到 1000 个，届时将能够供应 20 万吨氢气。上海申能壳牌新

---

① 我国环保产业走进中东恰逢其时. (2016-02-18) [2023-01-26]. https://huanbao.bjx.com.cn/news/20160218/708697.shtml.

能源计划未来五年在上海周边长三角地区建设多达 10 座加氢站，到 2030 年可扩大到 30 座。①2022 年 12 月 14 日，在正泰集团杭州园区举办了以"氢机遇，新发展"为主题的助力氢能产业高质量发展暨氢能关键技术成果联合发布会。正泰集团拥有四大关键氢能技术，分别在燃料电池系统、电池核心零部件、绿氢制造装备及发电储能系统方面更进一步，将围绕"氢电＋交通、氢电＋能源"两大战略方向，着力助推氢能产业高质量发展。②浙江省与海湾国家的氢能合作潜力巨大，前景广阔。

二、浙江省与中东国家能源合作中的机遇与挑战

"一带一路"倡议实施以来，浙江省与中东国家的能源合作发展迅速，尤其是在石油炼化和天然气进出口领域，氢能等清洁能源领域的合作也在持续推进，未来双方在基础设施建设等领域存在较大合作机遇与空间。但与此同时，合作中尚存在管理和技术不足、国际激烈竞争等问题带来的风险和挑战。

（一）浙江省与中东国家加强能源合作的机遇

1. 基础设施建设领域

《浙江省新型基础设施建设三年行动计划（2020—2022）》提出"加快智能化油气设施建设"，从基础设施建设端为实现智慧油气提供基础保障；物联网、人工智能、大数据、云计算、5G 等新一代智能化技术为智慧能源提供了强有力的支撑。③浙江正泰集团是浙江省在该领域同中东国家开拓合作空间的典型代表。2023 年 1 月，正泰团队出访沙特，参加了在沙特首都利雅得举行的第十届沙特智能电网大会。作为本次大会的钻石赞助商，正泰向中东电力行业超过 2500 个参加者展示了公司整体形象和全产业链产品及解决方案。正泰展出的智慧路灯解决方案，吸引了来自产业链各个环节的利益相关者的关注，潜力巨大，在沙特市场未来可期。④在基础设施建设领域，5G 等智能化技术为浙江省

---

① Shell and Aramco target China's emerging hydrogen market. (2022-08-07) [2023-01-24]. https://www. upstreamonline.com/hydrogen/shell-and-aramco-target-china-s-emerging-hydrogen-market/2-1-1273952.

② 浙江新能源特写：四大关键技术成果助力氢能产业高质量发展. (2022-12-14) [2023-01-24]. https://baijiahao. baidu.com/s?id=1752159007954648218&wfr=spider&for=pc.

③ 浙江省发展规划研究院. 关于《浙江省新型基础设施建设三年行动计划（2020—2022 年）》的解读. (2020-07-17) [2022-12-26]. https://www.zdpi.org.cn/txtread.php?id=13213.

④ 正泰. 正泰出席第十届沙特智能电网论坛展示全产业链解决方案. (2012-01-06) [2023-01-13]. https://www. chint.com/news_detail?id=5181.

从煤炭、石油和天然气等传统能源转型到高新技术在新能源基础设施建设中的应用提供了新机遇和新的合作路径。

2. 能源金融领域

在融资方面，中东地区能源转型和开发新能源的投资缺口巨大，需要多渠道融资。以氢能开发为例，到 2050 年，满足海合会国家绿氢出口所需的投资约为 2.1 万亿美元，其中需要 1 万亿美元用于建设专用可再生能源产能，9000 亿美元用于建立氢转换和出口设施，2000 亿美元用于开发电解水设施。[①] 与国际金融机构相比，产品、价格和软实力等因素导致中资金融机构在与国际同业竞争中处于不利态势，导致融资金额有限，中资金融机构在境外可再生能源市场的渗透率有待进一步提升，对中国企业的支持潜力可进一步挖掘。[②] 在石油货币方面，浙江省可以充分利用上海石油天然气交易中心平台，与中东国家开展油气贸易人民币结算。中东阿拉伯国家也有争取油气贸易定价权、保持油气贸易结算稳定、应对美元汇率波动的诉求。在实际能源交易中，考虑买卖双方利益，改变纯粹以美元计价和结算的金融体系成为可能。未来，浙江省与阿拉伯国家在经贸领域合作空间不断扩大，加之人民币国际化稳步推进，均为双方推动能源贸易人民币结算提供了可能性。

3. 5G 技术在能源基础设施和节能领域的应用

未来，5G 能源解决方案需要满足极简部署、快速建设、高效节能、平滑演进等需求。但是，5G 基站消耗的电力能源也更多，5G 消耗的功率是 4G 基站的两倍或更多。2019 年 11 月，中国移动表示，随着 5G 时代的到来，其电力成本正在快速上升，中国移动正在寻求政府补贴，以帮助降低能源成本。[③] 因此，尽管 5G 设备有望通过消除浪费来节省能源，大幅降低各行各业的能源消耗，减少碳足迹，但部署 5G 网络的移动运营商可能面临电力成本的短暂上升。根据一项对海合会国家数字化状况的调查报告，77% 的海合会国家受访公司考虑应用数字化转型技术，其中，卡塔尔和阿联酋的石油和天然气部门已经逐步具备数字化转型的基础。例如，从 2019 年 5 月开始，阿联酋成为中东地区 5G 网

---

① The dawn of green hydrogen: Maintaining the GCC's edge in a decarbonized world. (2020) [2023-01-25]. https://www.strategyand.pwc.com/m1/en/reports/2020/the-dawn-of-green-hydrogen.html.

② 双碳背景下全球可再生能源领域发展机遇展望. (2022-10-10) [2023-01-25]. https://zhejiang.investgo.cn/investment/env/detail/423201.

③ Linda Hardesty. 5G base stations use a lot more energy than 4G base stations: MTN. (2020-04-03) [2022-12-27]. https://www.fiercewireless.com/tech/5g-base-stations-use-a-lot-more-energy-than-4g-base-stations-says-mtn.

络商业应用最早的国家之一，该国发布了 5G 应用白皮书，在石油和天然气部门，初期数字化应用达到 40%，中期达到 100%。[①] 但是，产业联盟内部的讨论、缺乏法律和规则框架、对数据安全的讨论等外部因素是公司实现数字化应用转型的主要障碍。[②]

4. 数据通信和移动支付在能源金融领域的应用

中东各国政府正在进行大规模经济转型计划，以实现经济多样化和可持续发展，许多项目具有明确的"绿色""碳减排"和"可持续"性质，海合会国家对可持续金融的兴趣增强，政府、监管机构和行业正在采取探索性措施。例如，巴林银行协会成立了一个常设可持续发展委员会，以根据联合国 2030 年可持续发展议程，加强银行的作用及其对可持续发展和经济增长的贡献。该委员会发布了一份政策文件，重点是建立可持续和绿色金融框架以及为可持续基础设施融资。2019 年，25 个阿联酋公共和私人实体签署了《阿布扎比可持续金融宣言》(此后其他实体也加入了该宣言)。该集团的可持续金融指导原则旨在帮助银行将环境、社会和治理标准纳入其核心业务和战略。另外，阿布扎比全球市场学院与伦敦银行与金融学院合作，提供可持续金融证书课程，反映了该领域对专业知识日益增长的需求。同样，沙特政府的主权财富基金和国家债务管理中心计划在未来几个月内开发绿色债券。[③] 中东国家在能源金融领域应用数据通信和移动支付的市场需求为浙江省的相关企业和行业提供了机遇。

（二）浙江省与中东国家能源合作面临的挑战

1. 国际能源竞争的不确定性将进一步影响国际能源市场

首先，欧洲为了摆脱对俄罗斯的能源依赖，重新开发利用煤炭、页岩气、核能等能源。例如，英国将结束水力压裂禁令，允许开采页岩气。德国正在利用煤炭生产大约三分之一的电力，以度过严冬。德国还在建造新的液化天然气接收站，扩大液化天然气进口。其次，原油和液化天然气的价格持续波动。由于能源市场格局的调整以及对俄罗斯的能源制裁，影响国际原油价格的不确定

---

① UAE telecommunications and digital government regulatory authority. White Paper: 5G roles in industry digitalization in the UAE. 2022: 31.

② Strategy & Siemens preparing for the digital era – The state of digitalization in GCC businesses: Are GCC companies ready for the digital future?. 2016: 47.

③ Dominik Treeck, Mustafa Domanic, Hendrik Wittrock. Is the GCC ready to embrace sustainable finance? (2022-01-18) [2022-12-27]. https://www.atlanticcouncil.org/blogs/menasource/is-the-gcc-ready-to-embrace-sustainable-finance/.

因素上升，油价大幅下跌之后，一度再次上升到接近 100 美元一桶。随着亚洲经济恢复，石油需求量将很快上升，油价将再次上涨。再次，太阳能、风能、氢能等成本较高的可再生能源的开发暂时受阻。因为太阳能光伏制造是能源密集型产业，能源价格过高导致生产商和运营商暂时关闭或放弃生产设施。例如，总部位于新加坡的太阳能技术公司 Maxeon Solar 关闭了法国的一家光伏组件制造厂，理由是价格环境动荡，设施受到原材料进口成本和税收上升的影响。[①] 挪威雷斯塔能源公司也声明，由于电价飙升，欧洲计划中的光伏制造工厂可能会被搁置。此外，欧洲能源进口来源转向中东地区，尤其是液化天然气，德国已经与卡塔尔等天然气出口国签署液化天然气长期合同，中东地区将代替俄罗斯成为欧洲最大能源供应国。

2. 管理和技术存在短板

浙江省能源企业在新能源管理和新能源技术领域已经处于国内领先地位，包括分布式电站智能管理、储能技术、智慧能效、能源量测等方面的技术运用和管理平台已经非常成熟，具有参与中东能源设备改造升级、节能储能、绿色能源、智慧城市等项目的绝对优势，可以弥补中东国家缺乏管理人员和管理经验、技术落后等方面的不足。但是中东地区大多数国家属于发展中国家，整体科技水平较低，公司管理和劳工技术水平与中国公司存在很大差距，给项目的进度管理、成本管理、人员管理、采购管理、质量管理和风险管理带来巨大的挑战。[②]尽管浙江省的公司在许多领域已经处于世界领先水平，但是与西方相比，在公司的管理方式、管理效率和质量控制等方面也存在差距，而且存在不能与西方公司完美对接的问题，导致在项目竞标的时候缺乏竞争优势。

3. 社会和不可抗力因素复杂多变

中东地区地理位置复杂多样，地理环境、文化、语言等因素在经济和社会活动中的影响很大。国家的社会改革、经济政策等变动频繁，给浙江省企业在当地的投资和经营带来不确定因素。例如，最初，某些中东国家对气候变化的态度是抵触的，认为气候政策是对能源出口的威胁，沙特阿拉伯和阿联酋的能源部门多次指责国际能源署发布的数据有"误导性"，低估了"欧佩克"的石

---

① Maxeon shuts down French solar module factory. (2022-10-06) [2023-01-26]. https://www.pv-magazine.com/2022/10/06/maxeon-shuts-down-french-solar-module-factory/.

② 澎湃新闻. 助力"一带一路"建设，正泰埃及 165.5MW 项目打造高质量海外样本. (2020-03-20) [2023-01-12]. https://m.thepaper.cn/baijiahao_6604321.

油产量。2018 年，国际能源署在达沃斯受到沙特石油部长的批评，后者称国际能源署在 1 月份的石油市场报告中预测石油市场供过于求的情况下大肆宣传美国页岩油行业，认为国际能源署夸大了页岩油在全球市场中的作用。[1]西方主导的国际能源署选择性忽视近 20 年来全球能源需求的持续增长，一味强调石油需求峰值和去碳化目标，给市场以错误的信息，日益引发海湾石油出口国的不满。在此背景下，"欧佩克+"一致决定停止使用国际能源署的数据，而是采用能源咨询公司的数据来评估石油市场，以此作为是否增产的依据。[2]沙特阿美石油公司声称其可以提供"碳最低"的石油，只要世界需要石油，就应该是沙特阿美生产的。因为沙特是石油生产中温室气体排放量最低的国家，约每油当量 10.7 公斤二氧化碳。[3]但是，时隔几年之后，中东海湾石油出口国在气候变化议题上的态度发生了根本的改变。例如，沙特能源部门认为，发展可再生能源和碳捕获技术可以抵消油田的碳排放，将国内发电由石油转向可再生能源可以为沙特释放更多石油用于出口，获得更多石油收益。在 2022 年 11 月埃及沙姆沙伊赫第 27 届联合国气候大会上，中东国家对气候变化的关注度上升，沙特官员在会上就绿色石油工业进行了讨论，但是仍然对逐步淘汰所有化石燃料的措辞非常谨慎。不可否认的是，在今后很长一段时间内，中东能源出口国仍然以石油天然气作为经济核心，但是缺少石油和天然气的国家将开发更多可再生能源。在中东投资的浙江省企业也需要了解当地能源发展长期规划，避免当地政策突然转向带来损失。

中东地区的经济多样化转型和社会稳定紧密联系在一起，经济的恶化往往带来更大的不稳定。中东地区需要快速实现现代化和工业化，以生产和制造等实体经济活动创造就业、社会公平和经济增长，否则很难维持社会稳定。

除了政策和社会环境的变化，自然条件造成的不可抗力也较难克服，需要企业提前做好规划。例如，浙江省正泰新能源在埃及本班的光伏项目地处干燥

[1] Anjli Raval and David Sheppard. Saudi Arabia's energy minister says IEA overhyped US shale boom. (2018-01-25) [2022-05-11]. https://www.ft.com/content/84e09a98-0140-11e8-9650-9c0ad2d7c5b5.

[2] Maha El Dahan, Dmitry Zhdannikov, Alex Lawler. Saudi Arabia leads OPEC decision to drop IEA data as US ties fray. (2022-04-12) [2023-05-11]. https://www.reuters.com/business/energy/saudi-arabia-leads-opec-decision-drop-iea-data-us-ties-fray-2022-04-12/.

[3] Tom Wilson. Saudi Aramco bets on being the last oil major standing. (2023-01-12) [2023-01-13]. https://www.ft.com/content/513b770b-836b-472b-a058-3e4a95437c69?accessToken=zwAAAYWrak0ykc9RO3cLg2tHK9OgWD5KlUN8aQ.MEYCIQC07ntomLtdjd9jSNY0_VLDMHvvLG03OQV-j5YAmuJ21wIhANsGtGPotRd3IL8aqP7OoQlwrU8KCfPmTr0QNSbbF2Wh&segmentId=e95a9ae7-622c-6235-5f87-51e412b47e97&shareType=enterprise.

炎热的沙漠地带，施工条件恶劣。在如此恶劣的自然条件下，正泰新能源还要克服劳动力不足、当地清关效率低、物流成本高等不利因素，顺利完成项目施工。[①]除了全球经济波动等普遍性问题外，浙江省企业在投资和项目实施过程中，需要提前把中东地区特殊的不可抗力因素考虑在内。

4. 与亚洲国家的竞争愈发激烈

印度、日本、韩国等亚洲国家与中国有相似的能源消费结构，也在加快能源转型步伐，尤其是印度，对中东能源需求和进口量持续上升。海合会国家是中国、印度、日本和韩国的最大石油供应地区，也是印度和韩国的最大液化天然气供应国以及中国和日本的第二大液化天然气供应国。[②]尤其是 2022 年以来，石油价格波动，美国与中国关系的变化等都将推动海湾国家加强与中国和印度的能源合作。此外，亚洲投资大国也将持续关注中东地区的清洁能源、新能源和节能等领域，中东和亚洲地区间的双向投资将进一步推动该地区外商直接投资的水平。浙江省能源企业的高新技术应用处于国内先进水平，与日本和韩国的水平相差不大，在中东地区将不可避免地处于竞争关系当中。

三、浙江省与中东国家加强能源合作的对策建议

未来，浙江省需在国内和国际双循环国家经济大战略背景下，在满足省内和国内能源需求，保障能源企业收支平衡的基础上，抓住中东国家新一轮能源繁荣的机遇，依托浙江自由贸易试验区，利用好国内和国际两个市场，开拓与中东能源合作的新局面。

1. 整合完善产业价值链方面。浙江省实施了诸多积极政策带动一批油气储存运输、炼化加工、贸易交易等领域的国际合作，民营液化天然气码头营运石油和天然气供应，国际化工巨头进入中国开展外资和民营炼油项目。浙江省政府采取了一系列措施，不仅巩固了民营企业投资信心，也吸引了巴斯夫、沙特阿美、沙特基础工业公司等外国公司加大在当地投资。2017 年 3 月，浙江舟山获批设立中国浙江自贸试验区，浙江自贸试验区通过加强与国际油气企业的合作、行业的合作，以及与第三方的合作，将会在开放发展中获得很多新的机

① 澎湃新闻. 助力"一带一路"建设，正泰埃及 165.5MW 项目打造高质量海外样本. (2020-03-20) [2023-01-12]. https://m.thepaper.cn/baijiahao_6604321.

② BP. BP Statistical Review of World Energy 2022. (2023-06-15) [2023-06-30]. https://www.bp.com.cn/content/dam/bp/country-sites/zh_cn/china/home/reports/statistical-review-of-world-energy/2022/bp-stats-review-2022-full-report_zh_resized.pdf

会，有利于深化油气产业国际合作。[①]2018 年 10 月 18 日，第二届世界油商大会在浙江舟山举行，大会主题为"开放包容，互利共赢—推动'一带一路'油气产业合作愿景与行动"。会上，浙江省政府与沙特阿美签订合作备忘录，双方将围绕油品全产业链开展全面合作。[②]作为中国参与国际油气竞争的代表，浙江自贸试验区将"推进以油气全产业链为核心的大宗商品投资便利化、贸易自由化"作为自贸区建设重点。浙江省能源企业和相关产业将在完善能源供应链方面与中东国家合作，降低全球能源供应链断裂的风险。

2. 能源金融领域。中东地区能源资源丰富，能源消费上升迅速，投资项目规模较大，为浙江省的能源企业和金融服务部门提供了良好的投资机会。金融政策方面，与较富裕的中东海湾国家可以携手促进金融政策和能源政策协调配合，创新能源金融产品和服务，推进能源金融一体化合作。[③]从浙江省层面来看，可以发挥产业引导基金作用，鼓励民间资本科学进入新能源产业投融资领域，围绕智能光伏、海上风电、新型储能、氢能示范等产业化领域及重点研发项目，形成新能源产业链基金群。[④]中东国家的主权财富基金规模大、资金雄厚，但是投资模式传统单一，投资风险相对较低，收益稳定。近年来，为了实现经济多元化目标，中东国家正在寻求主权投资基金的多元化投资渠道，对清洁能源市场的投资兴趣上升。浙江省可以借助"一带一路"绿色金融合作平台，与中东国家在能源领域相互投资，实现油气资源的低碳化，并带动和引领清洁能源产业领域的投融资。

3. 清洁能源和碳循环经济领域。中东地区大部分国家太阳光照辐射较高，具有发展太阳能的优势，为发展清洁能源和碳循环经济提供了有利条件。海合会国家的太阳能光伏电池板的电力产量是德国或任何气候相似的欧洲国家的两倍，每年满负荷运行 1750—1930 小时。此外，中东地区在生产技术容易获得的绿氢方面存在明显的优势。根据全球供需分析，到 2050 年，出口国有可能占领价值约 2 亿吨的绿色氢能市场，每年价值 3000 亿美元。绿氢出口市场还

① 中华人民共和国国务院新闻办公室. (2020-04-01) [2022-12-26]. http://www.scio.gov.cn/xwfbh/gbwxwfbh/ xwfbh/swb/document/1676808/1676808.htm.

② 林波. 世界油商大会签约 25 个项目，涉及金额 1656 亿元人民币. (2018-10-19) [2022-12-26]. https://oil.in-en. com/html/oil-2849092.shtml.

③ 赵宏图，郑仪，林青蔚. 构建中阿能源立体合作新格局. (2022-12-27) [2023-01-24]. http://news.cnpc.com.cn/ system/2022/12/27/030089240.shtml.

④ 融象数科. 聚焦浙江新能源产业链发展，聚力提升浙江产业竞争力. (2023-07-06) [2023-08-11]. https:// www.163.com/dy/article/I900EKH10538AWSX.html.

可以创造 40 万个运营和维护工作岗位。[①]沙特阿拉伯已经提出清洁氢气在国家经济转型中的发展前景。浙江省能源企业可以利用碳循环经济指数监测碳排放和碳循环状况，在保障能源供应安全的基础上实现碳达峰和碳中和目标。碳循环经济需要成熟的技术和庞大的资金支持，浙江省的大型石油公司等能源企业可以在碳循环经济领域发挥重要作用。此外，在核能的开发利用方面，海湾国家走在中东地区前列，沙特阿拉伯、伊朗、阿联酋、科威特等都主张通过国际合作开发核能应用。2012 年成立的中广核浙江分公司主要从事福建、浙江、江苏等核电项目的投资和开发。中东国家正在改革能源消费结构，积极探索民用核能的可能性，给浙江省与中东的核能合作带来可能性。

4. 数据共享、能源治理话语权。浙江将依托自贸试验区大平台，建设油气领域的大通道、大市场和大项目，全力落实外商投资法、营商环境条例，全面强化服务项目服务保障，以一流的营商环境、一流的创业生态、一流的政策保障，提供全方位的优质服务。2020 国际油气贸易与海事服务高峰论坛—世界油商大会专题会议于 2020 年 10 月 16 日在浙江省舟山市举行，"国际能源贸易与运输发展论坛""全球经济大变局下船燃发展机遇及应对策略""区域能源贸易消费结算中心路径探索"三个平行分论坛，吸引了招商局集团、中国船级社、上海石油天然气交易中心、中远海运、阿格斯、上海期货交易所、托克（浙江）能源有限公司、毕马威等企业参加。[②]2019 年 9 月，浙江（舟山）自贸区与沙特阿美签署备忘录。

中东地区总体形势较为复杂，过去 10 年来，浙江省的优秀能源企业在"走出去"寻求合作机会的努力中，也承担着更大的风险。突出问题主要是美欧担心中国企业在中东地区影响力上升，对其在中东地区的能源利益造成冲击，进而对中国企业进行施压。[③]但是，美欧忽视了中东国家在与中国的合作中获得的实际收益，以及中国企业为当地带来的经济、社会和环境效益。

为争取在中东能源治理的国际话语权，浙江省能源企业应积极建言，为改

① ZAWYA. Green finance has potential to unlock $2 trln GDP, over 1 mln jobs in GCC states. (2022-04-04) [2022-12-27]. https://www.zawya.com/en/business/energy/green-finance-has-potential-to-unlock-2trln-gdp-over-1mln-jobs-in-gcc-states-kozyx2e5.

② 浙江省商务厅. 2020 国际油气贸易与海事服务高峰论坛在舟山举行. (2020-10-16) [2022-12-26]. http://www.zcom.gov.cn/art/2020/10/16/art_1403427_58926249.html.

③ Jeremy Garlick. The Impact of China's Belt and Road Initiative: From Asia to Europe. London: Routledge, 2019; Jonathan Fulton. China's Changing Role in the Middle East, report from Rafik Hariri Center for the Middle East. 2019: 5-7; Gordon Houlden and Noureddin M. Zaamout. China's Middle East Balancing Approach, report by China Institute. University of Alberta, January 2019.

善企业海外投资环境发挥作用。例如，针对海外投资安全问题，正泰集团股份有限公司董事长南存辉首次以全国工商联副主席的身份参加两会并提出建议，尽快制定总体上指导对外直接投资的《企业境外投资法》，使我国的对外直接投资具有坚实的法律基础，使企业境外投资行为有法可依，保证相关法律法规的统一性、协调性和权威性，从而保证中国"走出去"战略健康发展。[①]降低出海风险，需要各方共同制定顶层设计，以维护海外企业利益为目标，为中国海外经济利益和人身安全提供保障。

① 南存辉携 14 份提案参加两会，涉保障海外投资安全等. (2018-03-05) [2023-01-13]. https://www.chint.com/news_detail?id=2911.

浙江省与中东国家数字经济合作报告

刘　彬

摘　要： 在数字领域合作方面，中国与中东国家的双向互动合作不断加强。浙江省是中国数字经济强省，与中东国家开展数字经济合作在浙江省打造具有面向全球有效输出数字赋能能力的世界数字贸易战略枢纽方面具有重要意义。多数中东国家将发展数字经济纳入国家长期发展愿景和国家经济多元化转型规划，并且在基础网络设施、智慧城市建设、电子商务、数字人才培养等方面取得了一定成效，有着较大市场潜力。浙江省同中东国家开展数字经济合作，并在数字技术、基础设施建设、跨境电商、数字媒体等领域实现互利共赢。浙江省与沙特在数字领域合作符合双方共同利益，同时不能忽视国际市场竞争、数字人才不足等问题带来的挑战，并且应通过加强顶层规划、争取数字治理国际话语权以及精准数字服务等手段推动浙江省与中东国家数字经济合作真正落地。

关键词： 浙江省；中东；数字经济；国际合作

作者简介： 刘彬，文学博士，浙江外国语学院东方语言文化学院副教授。

进入 21 世纪，以信息技术、虚拟技术和生物技术为代表的颠覆性产业不断涌现，催生了第四次工业革命。在第四次工业革命重塑世界经济的背景下，以数字经济为代表的新兴经济业态引领世界潮流，依托数字技术的高科技企业不断做强、做大，成为第四次工业革命发展的重要案例。而作为中国 21 世纪海上丝绸之路和丝绸之路经济带交汇之地的中东地区，由于其普遍经济结构单一，许多国家的经济发展严重依赖油气资源，经济发展缺乏可持续性，随着数字经济的兴起，中东国家纷纷将发展数字经济作为实现经济多元化的重要内容。在数字领域合作方面，中国与中东国家的双向互动合作不断加强，中国发挥技术优势，中东国家发挥资本、市场和人口等优势，形成高科技领域的发展战略对接，通过共享数字红利、利用"新基建"机会窗口、开展数字技术合作，努力在全球发展实力重新洗牌过程中共同抓住经济与社会发展机遇。在此背景下，作为中国数字经济强省的浙江省，在《浙江省数字经济发展"十四五"规划》指引下，努力打造具有面向全球有效输出数字赋能能力的世界数字贸易战略枢纽，其中包括积极同中东国家在数字基础设施、数字技术、跨境电商、数字平台等方面开展合作，尽管浙江省同中东国家在数字经济领域合作仍面临诸多制约因素，但双方未来在拓展与深化合作方面仍将有所作为。

一、中东国家数字经济发展情况

中东地区目前正处于数字化转型的关键时期，也是全球数字经济最具市场潜力的地区之一。世界理特管理咨询公司近期发布的《中东数字经济展望》报告指出，当前中东国家数字经济对其国内生产总值的平均贡献率约为4%，预计通过实施有效的数字发展战略，未来数字经济的贡献率有望持续上升。[1]麦肯锡的研究表明，到2025年，中东地区的统一数字市场将有1.6亿潜在数字用户，每年可为国内生产总值贡献高达3.8%的价值，约950亿美元。在发展数字经济方面，从整体经济发展水平、政府的数字经济政策以及国家规模维度看，中东国家可以归为三类：第一类是海合会六国和以色列，这类国家在经济发展水平、数字基础设施、产业培育、公共服务等各方面均位于前列；第二类是土耳其、伊朗、埃及等区域大国，其经济发展水平低于第一类国家，但发展数字经济具有区位和规模优势，潜力较大。尽管埃及属于中低收入国家，但政府强有力的数字经济扶持政策弥补了经济发展水平的短板，使得埃及数字经济保持较快发展势头；伊朗因受到西方制裁，近几年数字经济发展乏力。第三类是区域内的其他国家，经济发展水平较低，且受安全环境掣肘，在数字经济各领域均处于落后地位，如叙利亚、伊拉克、也门等国[2]。

（一）互联网连通水平

网络连通水平是衡量一国数字经济发展水平的首要表现。中东国家持续改善网络连通水平，中东是世界上互联网普及率较高的地区，超过60%的人口使用互联网，高于51.7%的全球平均水平，但地区"数字鸿沟"显著。以阿拉伯

---

① 中东多国数字经济加速发展. (2021-06-01)[2022-12-20]. https://www.sohu.com/a/469725468_114731.

② 姜志达，王睿. 中国与中东共建数字"一带一路"：基础、挑战与建议. 西亚非洲，2022（6）：135-158.

国家为例，根据国际电信联盟统计数据，在阿拉伯地区，2020 年互联网渗透率达 68%，高于全球平均水平 63%[①]，但地区国家之间差异极为明显。根据互联网普及程度可将阿拉伯国家大致分为三组，第一组是属于互联网高渗透率的海合会国家，所有国家互联网渗透率都在 95% 以上；第二组是地区中游水平国家，包括黎巴嫩、埃及、约旦、伊拉克等，其中部分国家自 2010 年以来在互联网普及领域取得了长足的进步；第三组则是低水平国家，主要是也门、叙利亚等政局不稳或经济落后的国家，这些国家互联网用户占总人口的比例不超过35%。[②]

（二）电子商务发展

电子商务是数字经济最活跃、最集中的表现形式之一，也是加速数字经济发展的重要抓手。由于受到购物文化、支付习惯和物流设施等因素影响，高互联网渗透率并没有带来高电商市场占有率，电商占中东整体零售规模的份额不到 2%，线下零售居于主导地位。中东国家电子商务指数总体排名靠后，2020年仅有阿联酋、沙特、卡塔尔、以色列、土耳其等国在全球国家排名中排在前50 位，超过中国的世界排名第 55 位。随着中东各国鼓励数字经济的政策相继出台，跨境电商对中东市场的投入和本土电商的成长，中东地区近年来电子商务呈现强劲发展势头，在销售、物流、支付等方面取得了明显进展，地区国家纷纷出台相关政策和举措，加大力度推动数字经济发展。同时，互联网时代的到来给电子商务的发展带来了重大机遇，中东地区民众对在线购物和无接触支付的接受度不断提升，消费者在线购物比例快速上升，进一步推动了电子商务快速发展。有数据显示，截至 2020 年，过去 10 年中东地区在线购物增长率为1500%，2020 年中东电子商务规模达到 220 亿美元，比上年增长 52%，2021 年电子商务市场规模约为 317 亿美元，预计到 2025 年将超过 490 亿美元。数据显示，中东电商规模预计在 2025 年将达到 500 亿美元，增长率将达 110%。[③]

（三）智慧城市建设

2019 年，阿拉伯货币基金组织在其题为《阿拉伯智慧城市：吸取全球实践

---

① Individuals using the internet (% of Population). [2022-05-12]. https://data.worldbank.org/indicator/IT.NET.USER.ZS.

② Individuals using the internet (% of Population). [2022-05-12]. https://data.worldbank.org/indicator/IT.NET.USER.ZS.

③ 沈小晓. 中东电子商务发展势头强劲. 人民日报，2022-07-15（17）.

经验》的报告中指出，在目前阿拉伯国家 115 个主要城市中有 24 个智慧城市，约占主要城市总数的 21%，其中阿联酋国内智慧城市占主要城市比重达 50%，排在阿拉伯国家之首。在智慧城市应用普及指数方面，迪拜（30.5 分）和阿布扎比（28 分）排在阿拉伯国家前两位；在应用使用意识和满意度指数上，迪拜（16.6 分）和阿布扎比（10.5 分）同样分别排在阿拉伯国家前两位[①]。

在智慧城市建设方面，阿联酋迪拜水利局于 2017 年推出在线聊天机器人拉马斯（Rammas），用阿拉伯语和英语同客户进行交流。如以色列特拉维夫专注以居民为导向的智慧城市建设，通过共享办公空间、在线服务、早期职业讲习班、职业培训、移动热点全覆盖等方式提供良好的城市环境[②]。

（四）数字人才水平

人力资本是可持续、包容性经济增长的关键驱动力，是数字经济时代国家实现技术创新的主体，也是导致国家间技术水平差异的要素。尽管中东拥有丰富的自然资源和资金优势，但尚未完全转化为人才优势，进而实现数字经济的发展优势。大多数国家的教育体系、劳动力市场和培训系统对数字经济快速发展带来的技能要求的变化应对不足，在大数据、区块链、人工智能等领域教育资源短缺和培训体系不完整，导致该地区发展数字经济在研发、管理和技术等方面人才匮乏。[③]麦肯锡 2018 年的一项研究预测，到 2030 年，中东地区现有工作的 45% 可能会实现智能化，而现有的人才培养体系难以在短期内满足数字经济发展需求，人才资源对中东地区加快形成产业链、数据链、创新链、资金链四链闭环发展的支撑力度有限。由于本地数字经济人才短缺，当前中东地区大部分数字经济项目主要由全球性跨国公司承接和主导，本地公司参与有限。[④]

二、浙江省与中东国家数字经济合作情况

（一）政府层面的互动与对接

中东国家数字经济发展目标与浙江省数字经济发展规划相互支撑，有助于双方数字经济战略实现对接。浙江省抢抓新一轮科技革命和产业变革战略

① AMF：阿联酋智慧城市处于地区领先位置. (2019-08-26)[2022-12-25]. www.mofcom.gov.cn/article/i/jyjl/k/201908/20190802893678.shtml.
② 王晓宇. 新发展格局下中阿数字经济合作的基础与前景. 西亚非洲，2022（3）：88-108.
③ 王晓宇. 新发展格局下中阿数字经济合作的基础与前景. 西亚非洲，2022（3）：88-108.
④ 姜志达，王睿. 中国与中东共建数字"一带一路"：基础、挑战与建议. 西亚非洲，2022（6）：135-158.

机遇期，出台多项政策措施大力推进数字经济加快发展，数字经济已成为彰显浙江省经济社会高质量发展的"金名片"。2021年是《浙江省数字经济发展"十四五"规划》实施的开局之年，规划强调，到2035年，浙江省将全面进入繁荣成熟的数字经济时代，综合发展水平稳居世界前列，成为全球数字技术创新、产业创新、制度创新、理念创新重要策源地。中东国家同样将实现国家数字化发展作为重点建设内容纳入国家发展战略或愿景，并将数字经济作为重要规划内容之一（见表1）。阿联酋在2022年颁布的《阿联酋数字经济战略》中提出，计划10年内将阿联酋数字经济对国内生产总值的贡献率提高一倍，并将阿联酋打造为地区和全球数字经济中心。沙特政府将该国的"数字转型计划"作为实现《沙特2030年愿景》的基本计划之一，并将建设数字政府、以第四次工业革命为基础的数字经济产业和数字社会作为其远景目标之一。土耳其在其《2021—2025国家人工智能战略》中力图将人工智能技术应用于人力资源、研发、创业、基础设施和数字质量等多个领域。

表1 部分中东国家数字经济发展规划

国家/区域	战略规划	年份	建设内容
阿拉伯国家联盟	《阿拉伯数字经济共同战略愿景》	2018	《阿拉伯数字经济共同战略愿景》涵盖了未来10年期间在不同阿拉伯国家的50个项目。预计到2030年，每年用于这些项目的投资额将达到600亿美元。
阿联酋	《阿联酋数字经济战略》	2022	10年内将阿联酋数字经济对国内生产总值的贡献率从9.7%（2021年）提高一倍至19.4%（2031年）；提高阿联酋作为地区和全球数字经济中心的地位。
阿曼	《数字阿曼战略2030》	2016	大力发展人工智能、区块链、大数据、智慧城市、物联网等新兴技术。
科威特	《新科威特愿景2035》	2018	恢复科威特地区金融、经济、文化中心地位；将数字化转型作为战略优先事项。
科威特	《物流城市计划》	2021	建立数个物流城市，将科威特打造成区域性物流转运中心，以支持国内贸易并吸引全球投资。
沙特	《2030愿景国家转型计划》	2016	政府将继续支持中小企业，帮助其出口产品和服务，发展电子商务、与国际利益相关者充分合作；到2020年，现代贸易和电子商务的零售业服务要提升到80%。
沙特	《数字化转型计划》	2020	作为实现"沙特2030年愿景"的基本计划之一；建设数字政府、以第四次工业革命为基础的数字经济产业和数字社会。

续表

国家/区域	战略规划	年份	建设内容
土耳其	《人工智能战略》	2021	人力资源、研发、创业、基础设施和数字质量等领域，旨在将人工智能对GDP贡献率提高至5%。
以色列	《数字以色列五年计划（2017—2022）》	2017	缩小数字鸿沟；引导更多资本支持数字经济产业的发展，实现国民经济长期增长；建设智能和友好的政府。

数据来源：笔者根据公开资料整理。

近年来，浙江省同中东国家政府层面的对接与互动为双方开展数字经济合作创造了良好条件。如2015年5月浙江省代表团访问以色列并表示将在浙江建设中以创新园，为中以双方企业家在浙创新创业搭建平台，双方完成了浙江省与以色列合作项目的协议签署。2017年4月，浙江省领导率团出访阿联酋并表示，双方应加快互联互通，加强港口、物流、航空、金融、新能源、旅游、文化等领域务实合作，共享"一带一路"发展机遇。2019年9月，浙江省政府代表团对沙特进行友好访问，双方一致认为应进一步深化浙江省同沙特在能源、海港、贸易、电商、高端制造、教育等领域合作，实现优势互补、互利共赢。

（二）数字基础设施合作

浙江大华存储科技有限公司（简称"大华存储"）是大华股份旗下子公司，该企业用更智能的科技存储方案赋能智慧场景，实现在存储领域的不断创新。2022年12月，第42届GITEX GLOBAL在阿联酋迪拜世界贸易中心落下帷幕，该展会是中东乃至全球最具影响力的科技展会。展会期间，大华存储凭借过硬的产品和服务能力被授予ICT"年度新兴存储供应商"奖项。浙江省邮电工程建设有限公司是全国最早一批"出海"的通信工程企业。早在2005年，该企业就开始主攻通信领域、拓展以沙特为代表的中东市场。该公司成功参与了沙特最大规模的国家通信宽带建设项目——沙特ITC NBB国家宽带项目的建设工作。此外，在该公司的帮助下，沙特实现了智能电表的全国覆盖，电力智能化水平大幅提升。[①]

---

① 一场会面敲定2000多万美元订单 浙江企业正在为沙特"2030愿景"插上翅膀. (2022-12-29)[2023-02-10]. https://news.hangzhou.com.cn/zjnews/content/2022-12/29/content_8435892.htm.

（三）跨境电商合作

浙江省是中国发展跨境电商的主要力量，同时在中东电商发展以及中国与中东跨境电商合作方面发挥了重要作用。在中东地区开展跨境电商业务的浙江省头部平台主要包括以下几个平台。（1）执御（JollyChic）：执御于2015年开始主攻中东市场并曾一度创造对中东市场不同层次消费人群全方位覆盖的业绩。[①]尽管该跨境电商平台于2022年初停止运营，但是其在促进中阿电商合作和探索本土化经营方面发挥过重要作用。（2）速卖通（AliExpress）：速卖通于2010年上线，是阿里巴巴旗下面向全球市场打造的在线交易平台，被广大卖家称为"国际版淘宝"，覆盖3C、服装、家居、饰品等共30个一级行业类目，依托阿里巴巴集团的大数据和产品技术能力，通过降低交易成本的方式为中国中小企业直通中东市场创造条件。[②]（3）嗨宝贝（Hibobi）：成立于2019年专营母婴产品的杭州嗨宝贝有限公司以垂直母婴品牌作为主要切入点进入中东市场，仅半年左右时间就获得了市场认可，于2021年登上杭州准独角兽企业榜单。

同时值得一提的是，2022年12月，中国第三方支付服务公司快捷通打造"Yiwu Pay"（义支付）上线跨境人民币业务，并实现义乌和沙特人民币跨境业务成功落地。人民币跨境支付业务在中阿贸易中运用，体现出我国有序推进人民币国际化取得良好成果，同时也是中国同中东国家贸易投资便利化的一个生动缩影。

（四）数字技术合作

2012年9月，浙江海康威视中东分公司在迪拜成立，自此海康威视以迪拜为基地为中东以及非洲等地区的客户提供持续的产品和技术培训与服务，同时海康威视中东分公司还通过建立完善的仓储物流体系，为中东地区本地客户提供及时、便捷的货物配送服务。阿里巴巴旗下的阿里云长期深耕中东市场，为浙江省与中东地区数字经济合作做出了重要贡献。2015年，阿里云与迪拜Meraas集团宣布达成合作，并在当地成立云计算合资公司Yvolv；2016年

---

① 执御入选创业邦"2019中国创新成长企业100强"．(2019-12-23)[2022-10-20]. https://www.prnasia.com/story/268929-1.shtml.

② 以色列电商：首选中国商品，一半订单流向速卖通．(2018-01-30)[2023-02-10]. https://www.cifnews.com/article/32646.

11 月，阿里云宣布其迪拜数据中心正式启动，标志阿里云中东大区正式开始运营，由此阿里云实现了将人工智能、零售业、机器人、物流包括在内的数字技术服务转移到中东地区；2018 年 12 月，阿联酋哈利法大学与阿里云签署了战略合作协议，双方约定在新能源开发、机器智能、气象预测、物联网等方面展开深入合作，旨在通过云计算、物联网、人工智能技术挖掘新的经济资源。浙江中控技术股份有限公司致力于工厂自动化领域的现场总线与控制系统的研究开发、生产制造、市场营销及工程服务，其下属子公司"中控沙特"于 2021 年 7 月成立，该子公司致力于推动沙特阿美供应商资质的认证工作，持续向沙特阿美提供涵盖公司安全、质量、技术、产品等方面的认证材料。

（五）数字媒体合作

雅乐集团是浙江省与中东国家数字媒体合作的典型代表。该企业从 2016 年成立起就专注开发中东地区陌生人社交业务，其业务模式为"社交+游戏"，该企业一直保持中东地区语聊类产品的领先位置。中东数字媒体市场整体求大于供，市场潜力巨大，但同时存在语言、文化、习俗上的壁垒，雅乐集团的成功因素之一就是其出色的精准本地化能力，形成了自身的竞争优势。[①]随着 5G、大数据、人工智能、虚拟现实、8K 超高清等技术发展，互联网新媒体逐渐成为浙江省同中东国家影视合作的重要平台。浙江华策影视股份有限公司（简称华策影视集团）成为积极推动中国精品影视通过数字媒体在中东国家广泛交流与传播的行业领军者。华策影视集团通过自主创建华语影视剧海外新媒体传播宣发矩阵"华剧场"，实现视频媒体与社交媒体全面覆盖、长视频与短视频同时布局。其中在 YouTube 平台华策频道多达 50 多个，共开设包括阿拉伯语和土耳其语在内的 9 种语言进行精细化运营，其中阿拉伯语频道是华策在 YouTube 开设的第一个小语种频道。截至 2021 年 3 月下旬，由华策影视集团运营的海外社交媒体平台阿拉伯语频道订阅用户达 50.7 万，频道已上线 40 余部中国电视剧，总观看时长达 5300 万小时[②]。

---

① 雅乐科技（Yala.US），巨大蓝海市场下的"中东小腾讯"，兼具成长股的高增速与价值股的高利润. (2021-06-25)[2023-02-12]. https://36kr.com/p/1283469616967685.

② 中阿加强影视交流合作. (2022-02-28)[2023-02-12]. https://www.360kuai.com/pc/97eb6bbf39de993d5?cota=3&kuai_so=1&sign=360_57c3bbd1&refer_scene=so_1.

四、浙江省与中东国家数字经济合作的挑战与对策建议

（一）浙江与中东国家数字经济合作面临的挑战

1. 中东地区营商环境有待优化

世界银行发布的《2020年营商环境报告》显示，中东国家营商环境排名最高的国家为阿联酋（排名第16位），而其他中东国家营商环境排名普遍靠后，大多集中在第70至120位，中东地区总体营商环境总体不容乐观，体现在多个方面。

经济发展方面，部分阿拉伯国家经济长期踟蹰不前，社会稳定存在隐患，例如黎巴嫩自2019年以来一直深陷该国历史上的第三次严重经济危机等。从贸易结构上看，由于我国从中东主要进口原油及相关产品，出口大量工业制品和生活消费品，双边贸易结构不均衡、不合理造成的贸易结构失衡为双边贸易摩擦埋下隐患。网络安全方面，随着中东地区互联网运用的普及和数字化水平的不断提高，中东国家面临的网络安全问题愈发突出。例如仅2020年4—6月，阿拉伯地区就遭遇了257万次网络钓鱼攻击；2020年7月，近25000名阿联酋警察的个人信息在网络数据库市场上被列为出售对象。①

2. 数字人才不足成为掣肘因素

数字经济是知识型经济，人力资本是数字经济可持续发展的重要支撑。据世界银行发布的2020年人力资本指数，除人才强国以色列等少数国家外，中东国家人力资本水平总体偏低，区内国家间人力资本水平存在明显差异。②尽管海合会国家在数字经济发展水平方面走在地区前列，在全球竞争力、数字基础设施和其他知识相关指标方面取得了高分，但同样面临高端数字技术人才短缺的问题。根据国际电联对基本技能、标准技能、高级技能这三种信息通信技术（ICT）技能水平所做界定，海合会国家的ICT基本技能普及率相对较高，但ICT高级技能普及率相对较低，由此造成信息通信技术部门劳动力市场供需不匹配，尤其是软件工程、人工智能、数据挖掘等高精尖领域的劳动力市场不能满足本国快速上升的数字人才需求，对外籍员工严重依赖现象突出。③

---

① 姜志达，王睿. 中国与中东共建数字"一带一路"：基础、挑战与建议. 西亚非洲，2022（6）：135-158.

② World Bank. Human Capital Index. (2021-02-14)[2023-02-12]. https://data.worldbank.org/indicator/HD.HCI.OVR L, 2021-02-14.

③ 郭晓莹. 中国与海合会国家数字经济合作的现实与路径选择. 阿拉伯世界研究，2022（5）：21-41.

3. 国际竞争加剧导致不确定性增加

全球化进程遭遇逆流，各国之间冲突和竞争加剧的同时，全球经济增长放缓趋势明显，以世贸组织规则为基础的多边贸易体制正面临前所未有的挑战。当前，数字空间成为大国发展与利益博弈的重要领域，对此浙江省政府与企业应予以重视。

（二）浙江省同中东国家加强数字经济合作的对策建议

1. 加强网络安全与数字治理合作

在新发展阶段，中国与中东国家深入开展数字经济合作的目的，不仅是为共享数字红利和释放数字活力，还在于共同提升对数字治理问题的国际话语权和规则制定权。例如，2020年9月，中国就数据安全风险问题发起的《全球数据安全倡议》，为全球数字治理规则制定贡献了中国方案。2021年3月，中国同阿拉伯国家联盟发表《中阿数据安全合作倡议》，成为全球首个与中国共同发表数据安全倡议的地区，由此开启了中阿全球数字治理合作新篇章，也标志着发展中国家在携手推进全球数字治理上迈出重要一步。

浙江省数字经济发展领导小组发布的《关于浙江省未来产业先导区建设的指导意见》指出，浙江省应发挥数字经济优势，整合产业链上下游力量，在人工智能、区块链、未来网络、空天一体化等领域引领国际标准生态体系建设，掌握一批未来产业标准话语权；围绕5G、云技术、移动支付等重点领域，浙江省应以具体合作项目为抓手，在同中东国家数字领域合作中，共同开展在重点领域的数字安全标准化、技术规范合作与相关规则制定；同时通过探索建立同中东国家数字安全和保护合作机制，维护网络空间健康有序发展。①

2. 打牢合作制度基础，强化顶层设计

鉴于新科技革命在实现路径上具有政府动员、部门配合、企业跟进的自上而下的规划性特征，应充分发挥各级政府及下属机构、相关行业组织以及各类型数字相关企业等各主体联动作用，同中东国家政府部门与各类组织建立合作机制，推动双方数字贸易自由化、便利化。首先，发挥政府"集中力量办大事"的优势，进一步完善双方稳定有效的数字合作机制。其次，搭建线上线下展会、专题会议、政企对话会、数字贸易平台推介会等平台，促进浙江省与中

---

① 为未来产业发展贡献"浙江智慧"，首批未来产业先导区出炉！（2022-08-30）[2023-02-10]. www.sohu.com/a/581097620_120372984.

东国家政府间、行业组织间、企业间的多层次数字合作与交流。

需要指出的是，浙江省地方政府应充分发挥政府部门的对接、沟通与引导作用，对内实现科技、外事、经贸等部门统筹协调，对外实现与相关合作国家政府部门中长期数字发展战略对接和科技合作项目对接，引导双方数字企业在重点领域和重点区域合作取得突破。一方面，为浙江省省内企业拓展中东市场提供数字化平台、智库与研究机构的信息与科研成果等公共服务。例如举办直接连接浙江省与中东国家的数字领域线上线下展会、数字贸易平台推介会等，进一步扩大浙江省内企业在中东国家的影响力。另一方面，鼓励国内与浙江省相关研究机构开展数字经济与技术相关的中东地区与国别研究，提供关于境外细分市场的相关信息、资讯、政府政策、法律法规等研究服务，为企业与中东国家数字合作的行业选择、对中东国家市场的认知与了解、进入中东国家数字市场的合理化布局等方面提供信息与研究支持。此外，通过加强宏观调配，可以引导浙江省内企业根据自身业务范围与技术优势在不同领域进行资源合理有效配置，避免出现企业之间为争夺项目而相互压价、盲目竞争的低效、无序局面。

3. 立足中东国家数字需求，实现精准合作

在数字技术方面，浙江省可充分利用自身在智能芯片、智能软件、智能物联、智能计算、区块链等领域国内一流、世界领先的技术优势，助力中东合作国家实现数字"软实力"提升。在智慧城市建设方面，中东国家多数智慧城市尚处于发展建设阶段，浙江省可充分利用在数字政府、数字基础设施、城市治理、公共服务等领域的先发优势，深度参与中东智慧城市建设。在电子商务领域，浙江省应充分发挥在跨境电商领域的产业优势，支持跨境电商平台进一步开拓中东市场，高质量推进海外仓建设，进一步完善在沙特、阿联酋等电商蓝海国家的跨境电商产业链和生态圈建设。在数字人才培养方面，浙江省可组织优质数字企业与相关国家签订合作项目，为开展数字合作的中东国家高校学生与企业人员提供在线培训或线下实践指导，如通过选派师资、联建数字特色专业、举办数字能力研讨会与培训班、创办实训基地等方式开展数字人才培养长期合作。同时加快推进浙江外国语学院等高校阿语专业的人才培养模式转型，培养"精通英阿双语、掌握数字知识、通晓沙特国情"的复合型国际化外语数字人才。

浙江省作为"一带一路"建设枢纽、全国数字经济发展的先发地，已明确

提出将浙江省打造为具有面向全球有效输出数字赋能能力的世界数字贸易战略枢纽的目标，为实现这一目标，浙江省应进一步探索建设"数字丝绸之路"，全面构建包括中东国家在内的数字经济对外开放新格局。一方面，中东国家在国家发展愿景和经济多元转型规划框架下，在数字基础设施、智慧城市、电子商务、数字媒体等领域有着较大市场潜力；另一方面，浙江省在成为国际数字贸易战略枢纽的远景战略指引下，在区块链、大数据、物联网、云计算、人工智能技术等领域具有研发与应用优势。在前期扎实合作基础上，浙江省与中东国家在更宽领域、更大范围、更高层次实现数字经济领域的合作值得期待。

浙江省与中东国家人文交流合作报告

侯　眷　彭子倩

摘　要：人文交流是我国对外工作的重要组成部分，也是夯实对外关系和社会民意基础、提高我国对外开放水平的重要途径，其中，与中东国家的人文交流是我国人文交流的重要组成部分。近10年来，得益于"一带一路"倡议的推动，中国与中东人文交流取得了丰硕的成果，而浙江省凭借与中东国家在历史交往、经贸合作和现实需求方面的优势，不断发展与中东各国在教育合作、人力培训、艺术文博、广播影视及共建友好城市方面的人文交流合作，取得了丰硕的成果。未来，浙江省可利用自身文化积淀和技术优势，提升与中东国家的人文交流层次，拓展人文合作领域，增强国际传播合作，扩大民间交流接触，持续推动浙江省与中东国家的人文交流实现从专业群体到大众群体的全方位、多层次、多形式生根。

关键词：浙江省；中东国家；人文交流

作者简介：侯眷，文学博士，浙江外国语学院东方语言文化学院讲师。
彭子倩，文学硕士，中国外文局中国互联网新闻中心编辑。

中国与中东国家的人文交流源远流长，进入新时代以来，中国与中东国家共同开启了人文交流的新篇章，特别是随着各种工作机制的逐渐完善和"一带一路"倡议的提出，双方各人文领域的交流日趋活跃，近10年更是开花结实，成就斐然。

浙江省具有与中东国家深化人文合作的先天基础和后天条件。在中国与中东国家共建"一带一路"的背景下，双方的人文交流具有丰硕的前期成果，这些对进一步深化浙江省与中东国家人文交流，推动中国与中东国家务实合作具有重要的现实意义。

一、浙江省与中东国家人文交流合作的背景

过去 10 年，得益于中阿合作论坛和"一带一路"倡议的推动，中国与中东国家的人文交流经历了从制度框架到深层延展的发展历程，并不断推进各种文化交流机制的建设，双方在青年、新闻、教育、文化、卫生和广播影视等领域开展了丰富多彩的合作。在此推动下，浙江省与中东国家人文交流亦进入新阶段，双方人文交流在中国与中东人文交流的广阔平台上，以共建"一带一路"为目标，实现了更深层次、更广领域的相知、相交，从而推动双方人文交流进入提速换挡、快速发展的新时代。

（一）中国与中东国家合作发展背景

1. 教育合作不断深化，人力培训逐步发展

中国与中东国家的教育与人力资源培训在过去 10 年不断深化，其中，双方语言教育推动了大批次的人员与文化交流，并带动相关领域和产业交流，是过去 10 年间中国与中东国家人文交流的核心。

过去 10 年，中国的中东国家语言教学发展迅速。截至 2022 年，中国开设阿拉伯语专业的高校已逾 60 所；有 14 所高校开设波斯语专业、20 家伊朗学研究中心；10 余所高校开设土耳其语专业。同样，"汉语热"也在中东国家兴起：截至 2022 年 10 月，已有 4 个阿拉伯国家将中文纳入国民教育体系，15 个阿拉伯国家设有中文院系，13 个阿拉伯国家共建有 20 所孔子学院、2 个独立孔子课堂，在华阿拉伯留学生均超 2 万人/学年[①]；伊朗已建有 2 所孔子学院，在华留学生总数已超 3000 人[②]；土耳其有 5 所大学开设汉语专业课程，约 10 所大学开设汉语教学课程，多所高校设立汉语系[③]；以色列 4 所大学已开设汉语或与中国相关专业，2 所大学开设孔子学院，为学生提供汉语正式课程和兴趣班的学校已超过 100 所。

此外，中国与中东国家在教育方面的交流合作，已从早期的语言教学逐步深入扩展至计算机、航天等科技领域。同时，双方鼓励教育和研究机构，特别

---

① 中华人民共和国外交部. 新时代的中阿合作报告.（2022-12-01）[2023-01-13]. http://www.chinaarabcf.org/chn/zagx/zajw/202212/t20221201_10984018.htm.

② 白波. 在华伊朗留学生超 3000 人，14 所中国高校开设波斯语专业.（2021-03-11）[2023-04-05]. https://www.yangtse.com/zncontent/1220235.html.

③ 邹志强. 新时期中国和土耳其人文交流的进展与挑战.（2023-03-28)[2023-04-05]. https://xianxiao.ssap.com.cn/catalog/1785172.html.

是高教机构、科研机构和高等院校间科研领域的合作交流，教育和人力资源培训方面的合作取得了巨大进步。

2. 艺术交流不断丰富，民间交流日益密切

中国与中东国家建立并不断完善艺术节与文化年机制。其中，中国与阿拉伯国家在中阿合作论坛框架下，制定了由双方定期轮流举办的艺术节机制。双方已在中国举办 5 届阿拉伯艺术节、2 届中国艺术节。此外，中国还分别与卡塔尔、沙特等国设立并举办了"中埃文化年""中卡文化年"和"中沙数字文化年"，并在包括伊朗、土耳其与以色列等国举办了中国文化周、电影周等艺术文化活动。

中国与中东国家重视民间友好交流，双方相互鼓励，互设文化中心，目前在以色列特拉维夫和埃及开罗设立了中国文化中心。2016 年 11 月，伊朗文化中心在北京建成并开放，拉近了伊朗文化与中国百姓的距离。① 此外，中国与包括阿拉伯国家在内的中东各国大力支持友好组织和民间团体间合作。如在中阿合作论坛框架下，中阿友好大会、中阿妇女论坛和中阿城市论坛机制形成，促进了双方民间的友好往来和务实合作，成为中国与中东国家整合地方层次资源，促进双方地方政府层面合作，开展多层次民间交流的重要组成机制。此外，中国与土耳其建交 50 年来，两国民间各领域交流不断扩大，已经结成了 26 对友好城市；中国与以色列也累计结成友好城市 24 对。②

3. 专业交流持续深入，科技合作成为亮点

近 10 年，中国与中东国家以各专业领域的交流机制，推动双方合作不断深入。如 2012 年中伊文化联合委员会成立，成为新时代中伊文化交流与合作的新机制、新措施；而在中阿合作论坛框架下，中国与阿拉伯国家已先后建立了中阿关系暨中阿文明对话研讨会、中阿新闻合作论坛、中阿广播电视合作论坛、中阿卫生合作论坛、中阿图书馆与信息领域专家会议等人文交流机制。

科技领域的合作近年也成为中国与中东国家人文合作新的增长点。在中阿科技伙伴计划框架下，中阿双方在科技创新方面也不断探索交流机制、开展科技人文交流，并推动共建联合实验室、科技园区与技术转移等多种形式的合作。2014 年 1 月 20 日，中国与阿盟签署《中阿卫星导航领域合作谅解备忘

---

① 丁俊，陈瑾.改革开放以来中国与中东国家的人文交流述论.阿拉伯世界研究，2018，9（5）：39.
② 吕迎旭，尚昊.专访：创新合作成为中以关系的亮点和助推器——访中国驻以色列大使蔡润. (2022-01-23) [2023-05-02]. http://www.gov.cn/xinwen/2022/01/23/content_5670071.htm.

录》，决定于 2017 年在上海举办第一届中阿北斗合作论坛，并形成每两年举办一届的正式合作机制。[①]2014 年，中以双方政府签订了《关于成立中以创新合作联合委员会的备忘录》，为双方科技领域的创新合作提供了更为有效的机制保障。[②]

（二）浙江省与中东国家人文交流基础

1. 海上丝绸之路的历史基础

浙江是古代海上丝绸之路的起点之一，与中东地区贸易交流和人员往来由来已久，特别是在唐朝时期，由于中国造船业和航海业的发展，中国的对外丝绸贸易从陆路转为海路，浙江凭借在中国造船业和航海业的领先地位，开始成为当时对外贸易最活跃、最重要的地区之一，成为海上丝绸之路的中心地区，也成为中国与中东地区贸易交往的主要地区。从唐朝至元朝是海上丝路的繁盛时期，很多阿拉伯人、波斯人等中东地区商人来到钱塘（杭州）、明州（今宁波）、温州等地经商，或往来于中国与本国之间，或定居于杭州，浙江当地居民当时将这些商人的聚居区称为"蕃房"。由此可见，杭州自唐起就是中东、中亚地区商人"东行"贸易浪潮的首选地之一，具有深厚的人文交流历史根基。

2. 浙江先行的现实基础

浙江省是中国革命的起航地，改革开放的先行地，具有打造"一带一路"人文交流枢纽的独特优势。[③]特别是在改革开放后，浙江省凭借制造业优势，成为包括中东国家在内各国商人在中国的重要贸易地，特别是义乌，其外籍居民共来自 199 个国家，其前 10 大外籍居留人员来源国中有 7 个是中东国家。[④]而浙江的非留学生常住外籍人口中，近一半在义乌，主要为在义乌经商的外籍商人。同时，由于中东地区战略地位独特，位于欧亚十字路口、"一带一路"沿线，历来是浙商、浙企积极布局的地方。中国改革开放后，浙江人选择"走出去"，特别是从新千年初期起，浙江商人形成了向"西"走的浪潮。大批中小企业和浙江商人个体来到中东地区，秉承坚韧团结的浙商精神，在当地耕耘

---

① 北斗网. 中阿双方签署卫星导航领域合作行动计划.（2022-11-23）[2022-12-26]. http://www.beidou.gov.cn/zt/gfhd/202211/t20221123_25468.html.
② 丁俊，陈瑾. 改革开放以来中国与中东国家的人文交流述论. 阿拉伯世界研究，2018（5）：42.
③ 黄慧仙. 开放交流让文明更璀璨，浙江日报，2020-08-14（7）.
④ 相关数据源由作者于义乌市人民政府外事办公室调研所得。

事业，不论在传统的贸易领域，还是现代工业制造和互联网电子领域，中东地区的浙商都体现了"中国制造"和"中国智造"的实力。

同时，浙东的"和合文化"蕴含了"协和万邦、求同存异、和而不同、和实生物"的人类命运共同体内涵。[①]曾经海上丝绸之路的推动，如今"一带一路"人类命运共同体的连接，以及浙江省和中东地区频繁的人员往来和密切的经贸关系，推动了浙江省与中东国家的人文交流和文明对话，成为浙江省与中东各国一直不断书写人文交流篇章的现实基础。

二、浙江省与中东国家人文交流情况

浙江省与中东地区自古以来就保持着非常密切的联系，过去 10 年，浙江省与中东各国的文化交流也日渐频繁。浙江省充分利用双方人文合作的先天基础、后天条件和前期经验，积极参与双方人文交流共建，充分实践"一带一路"人文交流倡议，发挥自身优势，突出特色亮点，在浙江省与中东的人文交流中取得了丰富的成果，为进一步推动双方人文交流做出了卓越贡献。

（一）教育交流合作助力人文交融

过去 10 年，浙江省落实中国与中东国家教育合作，特别是在中东各地语言教学发展迅速。10 年间，浙江越秀外国语学院、浙江外国语学院、浙江工商大学和金华职业技术学院四所高等及职业院校先后开设了阿拉伯语专业，上述高（职）校依托阿拉伯语教学，与共计 7 所阿拉伯国家高校签订了交流培养协议，大力满足了浙江省乃至长三角地区的阿拉伯语人才需求，是推进浙江省阿拉伯语教学的重要力量，也是推进中阿交流的重要人文基础之一。同时，浙江省的土耳其语教育研究工作也蓬勃发展。浙江外国语学院、浙江越秀外国语学院等均开设了土耳其语专业。其中，浙江外国语学院已与 4 所土耳其高校签订合作协议，并于 2020 年成立土耳其研究中心，为进一步拓展浙江省与土耳其各地区的文化交流提供了更有力的理论支持和决策建议。

浙江省在大力发展与中东国家语言教育合作的同时，各高校也接收和培养了大批中东国家留学生，中东国家留学生涉及专业已由传统的汉语，扩展至农林、工程、医学、贸易、计算机等多个领域和专业。这些来自中东国家的留学

---

① 戴运财，马妮. 构建人类命运共同体的浙江担当.（2021-07-08）[2023-08-10]. https://china.zjol.com.cn/pinglun/202107/t20210708_22769760.shtml

生，不仅在回国后成为相关领域的人才，更成为大力促进双边人文交流的力量。如毕业于浙江大学医学院临床医学专业的也门籍医生阿马尔，在浙江大学获得医学博士学位后于 2017 年起任职于义乌稠州医院。①他在浙江求学、工作的 20 年中，亲历了中国医学的发展，特别是在新冠疫情期间，阿马尔接受卡塔尔半岛电视台、沙特阿拉伯人电台等多国媒体采访，用阿拉伯语分享中国的抗疫经验，成为浙江省对外宣传中国抗疫成果的一张名片。

此外，过去 10 年中，浙江高校围绕"一带一路"倡议部署，秉承中阿人文交流共识，与包括阿拉伯国家在内的中东各国扩大教育合作交流，从专业人才培养扩展到访学调研、合作办学，开展多领域、深层次合作。如 2022 年，宁波海上丝绸之路研究院与中以学术交流促进协会开展线上交流活动，双方围绕以色列研究论文竞赛项目、共同举办学术研讨会、就教师研究等事宜进行探讨；浙江与以色列在医学技术领域合作在 2023 年迈上新台阶，浙江大学"一带一路"国际医学院与以色列耶路撒冷希伯来大学医学院签署合作备忘录，双方将通过深化院校学术合作，助力高端医学人才交流和培养，紧密开展国际学术交流，而邵逸夫医院也启动了"中国—以色列医学科创中心"项目，成为国内首家以医院为基地的中以医学创新成果展示、应用、对接和孵化中心。

在此基础上，浙江省教育厅鼓励浙江高校与"一带一路"沿线重要节点国家高校开展交流活动，利用各高校自身优势，多形式、多层次地鼓励双方青年交往，促进跨文化交流与传播，以学促做、以做践学，引导学生主动服务国家战略需求，在"一带一路"框架内积极探索助力中国与中东国家的合作发展。如 2019 年 8 月，浙江大学传媒与国际文化学院组织传媒与国际文化学院、能源工程学院、法学院、医学院的六位博士生和硕士生赴阿联酋，以"传播'一带一路'上的中国声音，融通中外助力国家形象塑造"为主题，展开暑期实践调研、访学活动。这是浙江高校在"一带一路"框架内进行的一次推动双方青年学者交流的有益探索，取得了积极的成果。

（二）人才培训合作助推经济合作

自"一带一路"倡议以来，浙江省积极利用自身产业发展优势，践行中国与中东国家人力培训合作，对包括中东各国在内的共建"一带一路"国家青年

---

① 金华市人民政府办公室. 浙大四院来了首位"老外医生" 来自也门的阿马尔博士将值守国际门诊（2021-05-10）[2023-08-10]. http://swb.jinhua.gov.cn/art/2021/5/10/art_1229168150_58851167.html.

开展技术和创业培训，分享浙江经济在促进普惠贸易发展方面的有益经验，激励和帮助参加培训的各国企业家、青年和女性成长。

浙江企业对中东国家的人力培训以民营企业为主，如近年来中国与中东数字经济合作兴起，浙江阿里巴巴集团对包括部分中东国家青年在内的大批欠发达地区创业者进行了机制性的培训，包括电商、数字经济等创业课程和实践培训。自 2016 年阿里巴巴启动创业者培训班以来，有多位中东国家创业者接受了中国电商经验培训。阿里巴巴"互联网创业者计划"中的学员，可在为期两周的培训中学习电子支付、大数据赋能商业、智慧物流经验等相关技术培训和模式学习，助力这些培训学员在回国后发展B2B模式，赋能当地相关产业的发展。

同时，浙江省"出海"中东国家的企业也积极参与当地职业技术人员培训，通过合作开设职业培训基地、与当地职业技术学校合作培养人才等形式，积极帮助所在的中东国家培养具有专业职业技能的人力储备。

（三）艺术文博交流大放异彩

浙江省充分利用自身文博资源与技术优势，发挥海上丝绸之路重要地理节点优势，积极实践落实国家倡议，大力推进中阿及中国与中东国家艺术和文博事业的共同发展，推进共建"一带一路"的人文合作举措。

1.艺术交流形式丰富多彩

浙江省具有丰富的艺术文化遗产，具有多样且独特的艺术成果、演出剧团与展览资源。自中国加强与中东国家的文化合作交流以来，浙江省主办或承办了一系列丰富多样的双边艺术文化交流活动，特别自 2018 年浙江省委、省政府颁布《关于以"一带一路"建设为统领构建全面开放新格局的意见》的具体举措以来，浙江省已与土耳其、以色列和伊朗等多个中东国家，在舞蹈、音乐、文学、各类艺术展览等方面开展合作交流，展示了华夏文明丰富的艺术和文化遗产。

浙江省是海上丝绸之路的重要起点之一，也是丝绸的重要产地。因此，浙江省以丝绸及丝路相关物产为主题纽带，积极推动在中东国家的丝路文化展览，展示中国传统文化，推动"一带一路"文化交流共融。浙江省文化广电和旅游厅与阿联酋迪拜"拥抱中国"执委会合作的系列中国文化展览，是浙江省与阿联酋文化交流活动的重要组成部分。历届展览分别以丝、茶、瓷、绘画、摄影、电影周、美食节、时装秀、体育赛事、音乐节和中国文化盛会为主题，通过历史与现代、生活与艺术、传承与创新，从不同角度展现中国传统文化特征，促进"一带一路"的文化交流与合作。2018年，迪拜"拥抱中国"计划启动仪式暨"'一带一路'——风从海上来"大型文艺演出在迪拜当地最高艺术殿堂迪拜歌剧院隆重举行。浙江歌舞剧院的演员们通过精彩的艺术表演再现了中国与包括中东在内的世界其他区域通过海上丝绸之路开展贸易、发展合作、增进友谊的过程。同年，由中国文化中心和浙江省文化厅（现浙江省文化广电和旅游厅）共同主办的中国丝绸时尚展在特拉维夫中国文化中心开幕，展览从历史、科技、艺术等角度，讲述关于中国丝绸和中国文化的故事，得到了以色列民众的欢迎。2015年，"土耳其·美丽浙江文化节暨丝路之绸——两千年的亚洲东西文化交流展"在土耳其开幕，推动了浙江省与土耳其的人文交流。

此外，浙江省还承办了共4届"意会中国"文化交流活动。"意会中国"是文化部（现文化和旅游部）指导下、中国对外文化集团公司负责实施的一项艺术采风创作活动，旨在借助音乐、舞蹈、绘画等无国界的艺术语言，通过共建"一带一路"共建国家艺术家之间的相互交流、学习与借鉴，拉近各国民众间的距离，增强亲近感，实现不同文化的和谐共处、文明互鉴。自2009年首届"意会中国"在浙江省杭州市举办以来，已有2014年、2016年和2019年三届分别在浙江舟山、宁波和杭州举行，至今已有来自所有22个阿拉伯国家的百余位优秀艺术家参与。浙江省承办"意会中国"期间，分别以绘画、话剧、舞蹈、民间音乐、城市发展与艺术等主题，举办各类工作坊，并组织浙江省相关艺术团体与阿拉伯国家艺术家和负责人进行学习交流，活动期间，阿拉伯国家艺术家不仅与中国艺术家进行了关于绘画、音乐、舞蹈及各类艺术教育的交流和观摩，并在浙江各地进行艺术创作，成为阿拉伯艺术家了解中国、创作中国和展示中国的文化创作活动。

同时，4届"意会中国"期间，共有来自浙江京剧团、浙江昆剧团、浙江话剧团、浙江婺剧艺术研究院、浙江曲艺杂技总团有限公司、浙江歌舞剧院有限公司、浙江小百花越剧团、浙江越剧团、浙江音乐学院、浙江艺术职业学院等十多个浙江省优秀艺术团体与阿拉伯国家艺术家进行交流，并就选派中方艺术团组赴阿拉伯国家参加艺术节进行访演达成意向。

此外，浙江省和以色列文化交流的内容也极为丰富。2016年，浙江省余杭滚灯艺术团参加以色列国际民间舞蹈节，精彩的表演给以色列民众留下了深刻的印象。在 2017 年到 2019 年间，浙江省共派出 5 批文化团体赴以色列交流，主题包括考察舞蹈、音乐文化和丝绸之路。[①] 2022 年，中以（杭州）音乐与舞蹈艺术夜在浙江杭州举行，来自中国和以色列的艺术家分别演奏了中国民歌和钢琴名曲。丰富的文化交流活动为进一步推动浙江省和以色列的人文交流、文明互鉴发挥了重要作用。此外，2018 年，浙江婺剧团陈美兰新剧目创作团队赴土耳其，在阿菲永省市政会议中心举行婺剧专场演出，也得到了当地民众的热烈欢迎。

2. 文博交流日渐成熟

2015 年，以第十四届宁波"海上丝绸之路"文化周为契机，由文化部外联局、浙江省文化和旅游厅（现浙江省文化广电和旅游厅）和宁波市文广局主办，宁波海上丝绸之路研究所与宁波博物馆承办的"首届阿拉伯国家文博专家研修班"在宁波万里学院举行开班仪式。自此，浙江省文化广电和旅游厅每年都承办为期约 20 天的阿拉伯国家文博专家研修班活动，至今已举办 5 期。研修班分别以"纸质保护、纸质类文物修护利用""丝绸""陶瓷""文化创意"和"博物馆管理与展览策划"为主题，班上，中方专家与来自 17 个阿拉伯国家的 84 名文博专家进行了交流，并介绍中国在上述文博领域的经验和做法。[②]

阿拉伯国家文博专家研修班已成为浙江省与阿拉伯国家文化交流与合作的重要机制，是建立与发展浙江省乃至中国与阿拉伯国家文物保护交流与合作的重要途径，推动了双方在文化专业领域合作中的能力建设与知识共享。

（四）广播电视合作独具特色

广播电视领域的交流与合作，在建立民族文化交流、人民情感认同、文明互鉴等方面有着天然优势，有利于推动中国与中东国家人民的发展和交汇。为积极响应"一带一路"人文交流倡议，2018 年，中国（浙江）影视产业国际合作实验区在杭州正式启用。这是由国家新闻出版广电总局（今国家广播电视总局）批复成立的唯一一个以出口为导向的国家级影视产业园区。近年来，浙江广播电视行业以此平台为契机，积极推动浙江与中东国家的行业交流，同时，浙江省抓住全球新媒体平台融合发展传播的先机，建立中外影视内容合作新网

---

① 以色列驻上海总领事：期待更紧密的以中人文交流.（2022-12-24）[2023-04-10]. https://www.sohu.com/a/616974710_123753.

② 浙江省文化和旅游厅. 第五期阿拉伯国家文博专家研修班开班仪式在浙江万里学院举行.（2019-10-25）[2023-03-10]. http://ct.zj.gov.cn/art/2019/10/25/art_1652992_39435845.html.

络，传播优秀中国影视内容，促进对外影视更广泛的合作，取得了瞩目的成绩。其中，浙江华策影视集团成为积极推动中国精品影视在"一带一路"国家更广泛交流与传播的行业领头者。

浙江华策影视集团通过开多媒体频道、与当地新媒体平台合作等方式，着力推动与中东国家的文化交流。浙江华策影视集团通过和阿拉伯国家当地媒体合作，在沙特、阿联酋、以色列、巴勒斯坦等阿拉伯国家的重点电视媒体发行播出了超过 1000 小时的中国电视剧。①

浙江省在积极推动中国影视走向中东的同时，也大力促进中东优秀影片在中国的传播。伊朗是中东地区著名的电影大国，浙江多次举办伊朗电影观影会及相关活动，推动双方电影业的交流和发展。2013 年 11 月，浙江大学外语学院举办伊朗电影节，展映了包括获奥斯卡最佳外语片殊荣的《一次别离》在内的 7 部伊朗电影。2017 年初，伊朗影片《等待阿巴斯》在宁波完成拍摄。2022 年 11 月 25 日，伊朗电影大师展在杭州开幕，为期 3 天，在杭州、宁波两地同时展映多部伊朗导演的作品。

浙江省与中东国家的广播影视交流，并不局限于作品的互译和推广，更扩展至节目制作、技术交流等深层次的合作领域。华策集团积极发挥中国（浙江）影视产业国际合作区（国家文化出口基地）的线上线下平台作用，推动中国与中东各国影视常态化合作。推进文化产业功能平台赋能，在组织举办线下广泛合作交流活动的同时，建立线上"云交易"平台，支持全球影视作品进行线上版权交易。目前，每年从浙江国际合作区"出海"的影视剧占据全国 25% 左右的份额。②此外，华策集团通过聚合行业优质资源，一方面积极承办中阿影视交流合作论坛、视听中国国家形象活动等高峰论坛，形成国际合作交流集聚产业动力，并与阿联酋智慧未来文化公司等合作，不断推进中阿影视内容合作交流；另一方面，积极承办中宣部、广电总局"全国提升中华文化影响力专题培训班""阿拉伯国家媒体培训班""影视产业国际化高端人才"培训等系列活动，培养中阿影视行业优秀人才，多维度推动中阿影视交流与合作。

同时，浙江省与其他中东国家影视交流也逐步深入。2013 年，应土耳其乌

---

① 赵依芳：影视为媒 共创文化交流新空间. (2021-12-29)［2023-03-15］. https://www.huacemedia.com/mobile/index.php/news/info/310.html.

② 赵依芳：影视为媒 共创文化交流新空间. (2021-12-29)［2023-03-15］. https://www.huacemedia.com/mobile/index.php/news/info/310.html.

萨尔电视台邀请，浙江新闻文化交流代表团一行，赴土耳其开展电视交流，代表团就浙江广电集团与土电视台建立友好合作关系等合作事项草签了交流合作备忘录。同时，介绍浙江综合情况的节目《浙江》土语版在土耳其乌萨尔电视台落地播出，这是浙江的专题节目首次在土耳其主流电视媒体播出。2018年，由浙江卫视参与制作的户外真人秀《二十四小时》首期在土耳其完成录制，土耳其政府特别颁发促进中土文化交流奖，肯定节目组为进一步推动中土文化交流和文明对话所做的努力。

（五）城市交往与科技合作枝繁叶茂

新时代以来，浙江省积极谋求对外合作，通过与中东国家的城市交往和民间合作，推动双边交流，夯实人民相互认知的基础。在浙江与中东国家的城市交往中，技术合作是浙江省与中东国家人文交流中的一大亮点。如近年来，浙江省与伊朗在多个技术领域实现合作：2015年2月9日，由浙江泰来环保科技有限公司承建的伊朗首座垃圾焚烧发电厂在德黑兰市投产，伊朗副总统玛苏梅·埃卜特卡尔亲自为电厂点火，凭借该项目，浙江企业顺利打开了伊朗垃圾焚烧发电市场，在当地承接了18个垃圾焚烧处理项目[①]；2016年，杭州福斯达深冷装备股份有限公司与伊朗签订3套8万级空分项目的协议，这不仅是伊朗有史以来最大的空分项目，也是中国同行企业出口额最大的项目，2017年，该企业与伊朗又达成了几个超过亿元的合作意向，成为杭州企业寻找外贸新发力点的代表[②]；2017年8月，杭州汽轮机股份有限公司参与了全球最大的天然气制甲醇项目——伊朗卡维集团的两台特大型空分设备的组装工作。

科技创新也是浙江省和以色列人文交流的亮点，以三花控股集团、浙江大海洋科技有限公司为代表的一批浙江企业，在新能源、农业技术、海洋技术等领域与以色列开展了联合研究和技术转移工作，取得了良好成效。值得注意的是，浙江在引进以色列投资机构、共建国际孵化器和国际创新园方面也进行了一定的探索。如2014年，浙江传化集团与以色列Hishtill公司、S.P.Slin公司合作完成中以共建国际农业孵化器项目，这也是浙江首个国际农业孵化器[③]；2014

---

① 中国固废网. 泰来环保德黑兰首座垃圾焚烧发电示范项目落成　伊副总统参加典礼. (2015-02-11)[2023-04-15]. https://www.solidwaste.com.cn/news/221444.html.

② 一带一路：重构外贸新版图. (2017-10-24)[2023-02-10]. http://fec.mofcom.gov.cn/article/fwydyl/zgzx/201710/20171002657797.shtml

③ 新能源、农业、海洋浙江将与以色列开展广泛科技合作. 浙江化工，2014（01）：41.

年 12 月，以色列二维码技术创业公司"视觉码"（Visualead）宣布获得阿里巴巴集团注资，阿里巴巴使用了该公司推出的二维码技术，此后，阿里巴巴又向以色列企业 Infinity AR 投资 1800 万美元，支持其在增强现实领域的发展。

三、浙江省与中东国家人文交流的不足

过去 10 年，随着"一带一路"倡议的提出，浙江省与中东国家的人文交流有了长足发展和全面提升，取得了丰硕成果，但同时，浙江省与中东国家人文交流也在仍存在一些不足。

（一）双方相互认知总体偏弱，人文交流机制仍需加强

尽管浙江省与中东国家的人文交流有较长历史，当前的交流也取得了全面提升，但总体而言，双方对彼此历史文化的了解、认知比较薄弱，存在认知赤字、认知误区，对彼此一些基本的社会及文化问题和细节，依然属于认知的"猎奇"范围。这一问题和现象不仅限于浙江省与中东国家间，也是中国目前需要与中东国家共同解决的问题。同时，双方人文交流的水平和层次，与双方经济领域的合作相比有一定差距，与实现"人类命运共同体"和共建"一带一路"的人文交流需求有较大差距。浙江省在参与部分中国与中东人文交流机制中具有优势，并已抢得先机，但仍存在规划不足、统筹不够、重点不突出、力量分散的问题。因此，在建设具有代表性、突破性的人文交流机制中，浙江还需要在平台建设、辐射广度和交流深度方面持续挖掘和拓展。

（二）专业研究仍有盲点，人才队伍建设任务迫切

当前，我国国别和区域研究发展正兴，这是服务共建"一带一路"和"人类命运共同体"的时代需求，是填补我国区域国别研究盲点的有力措施。当前，对中东国家的交流是我国对外交往的重点之一，对中东地区及国家的研究也成为区域国别研究的重点领域。但需要看到，浙江省与中东国家的经贸交往密切，特别随着浙江先行，浙江企业"走出去"所需的中东国家切实国情、社情、民情和舆情需求也在增多。由于我国在此方面研究建设总体处于发展期，浙江省在中东地区国别和区域研究也仍处于起步阶段，当前浙江省对中东国家各领域研究学者的培养和研究队伍的建设仍然是一项迫切的任务，需要做好从顶层设计到实体机构及具体研究队伍的综合建设，以满足浙江省不断提升的交流需求。

（三）媒体认知途径依然有限，难引民众情感共鸣

过去 10 年，随着中国（浙江）与中东各国人文和经贸交流的增多，各种媒体平台中，中国与中东各国的双方形象开始逐步丰富。总体而言，由于中国与中东国家仍未突破西方媒体的传播框架，双方媒体对对方的报道仍然存在报道不足、信息传递量有限、①借助西方媒体认知对方、媒体交流认知途径受限的问题。同时，主流媒体和政府部门在建设媒体交流平台时，仍存在重平台载体建设、轻内容资源建设的问题，偏重"以我为主"式的单向传播，忽视受众参与或共建共享的传播模式，从而造成重中国文化的单向传播、轻中外文化交融互鉴，在相关平台上真正引起有关国家民众情感共鸣的"走心"项目及内容不多的问题。

四、浙江省与中东国家加强人文交流合作的未来展望

人类命运共同体的宗旨及"一带一路"人文交流，崇尚共赢，追求持续发展。浙江省可利用自身的文化积淀优势，不断拓展人文合作领域，丰富双方人文合作形式，增加人文交流层次。

（一）大力推动中东研究，提升人文交流层次水平

人文社科交流是对外人文交流的核心。我国的中东研究正处于蓬勃发展阶段，我国与中东国家对对方历史文化的了解和研究都仍存在认知赤字、认知误区和研究盲点。未来浙江省在提升与中东国家在传统教育和人力培训领域的合作的同时，应加强重点专业交流，助力建设具有各方共识的学术话语体系；通过加强各方在历史学、教育学、新闻传播学等重点人文学科的交流，加强各方国情研究，真实反映完整的各方国情发展。

同时，浙江省可以利用区位优势，利用浙江省对中东国家交流早、民间互动多的特点，在制度、政策和资金方面鼓励浙江对该地区的国别研究，突出夯实理论、完善历史、服务现实、融合于民的研究特点，形成区别于北京、上海国别研究的浙江学术特色。

---

① 丁俊，陈瑾.改革开放以来中国与中东国家的人文交流述论.阿拉伯世界研究，2018，9（5）：45.

（二）扩展浙江融媒体优势，助力我国海外形象提升

中国与中东国家在广播电视领域合作逐渐丰富，但双方媒体对对方的报道依然存在信息传递量有限的问题，借助西方媒体认知对方的情形尚未得到根本改变。未来浙江省应利用已取得的广电传媒合作成果，结合浙江广电行业强项、社交传媒企业在该地区的发展优势，深化浙江省与该地区的媒体交流合作，做到主动展示形象，多途径交流，高频率传播，增强对全球性事件国际传播的合作协调，助力提升我国的海外形象。

同时，浙江省可继续以影视为助力，做强、做大对中东影视的传播，将译制剧类型从电视剧扩展到动漫影视（幼儿、青少年动漫）、纪录片、综艺剧集，并鼓励相关影视合作主体从单一核心企业扩展为多渠道、多形式共生互补的对外传播矩阵。此外，浙江省可加强相关图书出版，增强出版内容落地，如策划中国、浙江人文科普出版项目，开发贴合中东国家本土认知需求、具有较高社会影响力的出版项目，并利用浙江省在教育、数字技术和产品研发中的优势，将出版物做到从实物书到数字化、内容开发到产品体系、技术到服务的全面合作。

（三）加大双方民间接触，推动人文艺术交流生根

浙江省与中东国家的民间接触日益增多，但在交流的总量、人均参与和推广层面上，依然有很大的发展上升空间。浙江省在现有的人文艺术交流机制下，可丰富人文艺术交流的形式和层次，通过更多的艺术项目落地，实现交流群体从专业人群至大众群体的扩展。同时，人文艺术交流与人文素养培养息息相关，双方可将人文艺术相关内容、展览与基础艺术素养教育和推广相结合，让舞蹈、绘画、音乐等人文交流从年轻一代开始，助力推进未来双边友好交流合作。

区域篇

浙江省与海湾四国（卡塔尔、科威特、阿曼、巴林）合作发展报告

李振杰

摘　要：卡塔尔、科威特、阿曼、巴林作为积极参与共建"一带一路"的海湾国家，已发展成为我国及浙江省贸易进出口的重要市场、产能合作的重要伙伴、对外投资的重要目的地和文化交流的重要对象。中阿"三环峰会"后，中海关系迎来一系列全新发展契机，浙江作为我国对外开放的先行省份和经济全球化的积极参与者，通过不断拓展同海湾四国的合作，形成了"贸易畅通、产能联通、投资互通、人文相通"的合作新局面。面对"发展战略契合、生产资源互补、发展愿景一致"等历史性机遇以及源于政治因素、利益分歧、文化差异等方面的困难或挑战，浙江省应继续加强同海湾四国的合作，进一步拓宽合作渠道，优化合作模式，加强战略沟通，发挥独特优势，同时建立健全风险评估与应急机制，从而打造浙江乃至全国对外合作交流的新平台和新品牌。

关键词：浙江省；卡塔尔；科威特；阿曼；巴林；多领域合作

作者简介：李振杰，文学博士，浙江外国语学院东方语言文化学院讲师。

2012 年，中国与海湾阿拉伯国家合作委员会（简称"海合会"）国家①双边贸易额为 1550.3 亿美元，占中国与阿拉伯国家贸易总额近七成。此后 10 年来，随着双方在能源、科技、航天、军工等领域的一系列经济和技术合作取得诸多进展，中国逐步成为海湾地区经济增长和结构转型的重要外部支撑。截至 2021 年底，中国与海合会六国的贸易额首次突破 2000 亿美元，并取代欧盟成为其最大贸易伙伴。

---

① 即海湾阿拉伯国家合作委员会的六个正式成员国——沙特、阿联酋、卡塔尔、科威特、阿曼、巴林。

卡塔尔、科威特、阿曼、巴林四国均属海合会成员国，自 1981 年海合会成立以来，这四国通过中阿合作论坛、中海战略对话机制、中阿经贸论坛与中阿博览会等平台不断加强同中国的合作，日渐成为与中方政治互信、理念相通、利益相交的发展伙伴。2022 年 12 月在沙特举行的首届中国—阿拉伯国家峰会（中阿峰会）、中国—海湾阿拉伯国家合作委员会峰会（中海峰会）又为中阿关系开辟了新的发展空间。

一、浙江省与海湾四国合作背景

（一）中国与海湾四国关系发展情况

近年来，中国同海湾四国充分利用长期友好、互利互惠的有利条件，围绕能源、基建、贸易、金融、投资、高新技术等领域，努力形成全方位、宽领域、多层次的务实合作新格局。

1. 中国同海湾四国合作共赢关系持续推进。卡塔尔作为我国重要的天然气合作伙伴，继 2021 年成为我国第三大液化天然气供应国后，不断扩大对我国的天然气出口份额。2022 年，中国从卡塔尔进口液化天然气 1572.6 万吨，同比增长 74.8%，占到液化天然气总进口量的 14.4%。①科威特是第一个与中国签署共建"一带一路"合作文件的中东国家。截至 2020 年，中科双边贸易额已接近 143 亿美元，是两国 1971 年建交之初的 70 多倍。②阿曼 2018 年与中国建立战略伙伴关系并签署共建"一带一路"合作文件。近年来，中国始终保持阿曼最大贸易伙伴国和最大原油出口目的国的地位，阿曼也成为中国在阿拉伯地区的第四大贸易伙伴。③巴林和中国早在 1990 年就已成立经济、贸易、技术混委会，截至 2021 年初，中国已蝉联巴林第一大进口来源国。④

2. "一带一路"倡议与海湾四国发展战略高度契合。以卡塔尔于 2008 年提出国家发展愿景为开端，海湾四国政府相继推出旨在推动国家可持续发展和经济多元化、提升国家综合竞争力的国家长期发展愿景。这些国家发展"愿景"

① 卡塔尔能源公司.卡塔尔能源公司 2022 年度发展报告.多哈：卡塔尔能源公司，2022.
② 中华人民共和国商务部.对外投资合作国别（地区）指南——科威特（2021 年版）.北京：商务部《对外投资合作国别（地区）指南》编制办公室，2022.
③ 中华人民共和国商务部.对外投资合作国别（地区）指南——阿曼（2021 年版）.北京：商务部《对外投资合作国别（地区）指南》编制办公室，2022.
④ 中华人民共和国商务部.2020 年，巴林进出口总额同比减少 2.69%，中国蝉联巴林第一大进口国.(2021-02-03)[2023-08-08]. http://bh.mofcom.gov.cn/article/sqfb/202102/20210203036776.shtml.

与中国"一带一路"倡议高度契合。2014—2018 年，中国先后与卡塔尔、阿曼、科威特建立了战略伙伴关系，巴林亦高度重视加强和深化对华关系。可以说，中国与海湾四国的关系不仅包含了中阿关系中的积极特质，同时也展现出与众不同的活力和亮点。在中阿关系新格局下，海湾四国"国家愿景"同高质量共建"一带一路"加快对接，将形成"1+1>2"的合力，从而实现更高质量、更深层次的互利共赢。

（二）浙江省与海湾四国关系发展与合作定位

浙江是我国东部沿海地区民营经济最发达的省份，是连接海上丝绸之路、丝绸之路经济带和长江经济带的重要枢纽区。新时期以来，浙江充分发挥高外向度、优质产能、民资充裕、深水良港、跨境电商和浙商人才多方优势，高起点、高质量、高水平地融入"一带一路"发展规划。①在此背景下，浙江省与海湾四国之间拥有十分广阔的合作前景。

1. 双方可携手推动外贸转型升级。浙江在跨境贸易和物流支持上具有显著优势，可以宁波舟山港为龙头，贯通与海湾四国相连的海上物流大通道，还可以义乌小商品城为载体，为海湾四国提供优质的轻工业商品。更为重要的是，浙江省可以电商企业为依托，打造与海湾四国相连的"网络新丝路"，助力四国贸易数字化转型升级和经济多元化发展。

2. 双方可共同树立产能合作新标杆。海湾四国是我国重要的油气合作伙伴，浙江自贸区舟山片区定位为保障国家能源安全，推进以油品全产业链为核心的大宗商品投资便利化、贸易自由化，提升大宗商品全球配置能力，未来可在油气贸易、油气工程技术、炼油化工等领域加强同海湾四国的合作。此外，双方在清洁能源、基础设施建设、高科技产业等领域也拥有良好的合作机遇。

3. 双方可协力促进两地投资推广。近年来，海湾四国采取一系列积极措施，吸引外国投资，鼓励私营企业参与经济建设。基于经济多元化发展战略，海湾四国在房建、交通、新能源、高端制造、金融等非传统领域有较大合作需求，浙江企业可把握机遇，积极参与相关领域投资，挖掘市场潜力。反之，浙江省也可主动对接卡塔尔投资局（QIA）、科威特投资局（KIA）等实力强大的主权财富基金，吸引鼓励其来浙投资，助力浙江经济高质量发展。

4. 双方可一同打造人文交流新名片。中阿友好关系不断走深走实，对双方

① 李翔，郑婧. 助内连外通　谱之江新篇. 中国出入境观察，2019（4）：2.

人文合作提出了新的要求，浙江作为文化大省，可充分利用好窗口效应，开展同海湾四国的文化合作。在海湾四国"汉语热"和我国区域国别学科愈发受到重视的双重背景下，浙江省和海湾四国还有望在教育、科研领域进一步深化合作。从而通过人文交流实现民心相通，促进经济合作不断深入，推动双边关系行稳致远。

二、浙江省与海湾四国合作现状与特点

（一）浙江省与海湾四国的贸易合作

1. 浙江省与海湾四国的贸易结构

浙江省与海湾四国之间基于不同的经济结构而存在较强贸易互补性。卡塔尔是我国重要天然气合作伙伴，我国主要从卡塔尔进口液化天然气、原油、聚乙烯等；向卡塔尔出口机械设备、电器及电子产品、金属制品等。[1] 2018年，位于舟山自贸片区的新奥舟山LNG接收站接收的首船液化天然气正是来自卡塔尔。2022年世界杯期间，"浙江元素"更是遍布卡塔尔，从主赛场钢结构建筑，到占据总量七成的"义乌造"世界杯周边商品，都体现出浙江省在中卡贸易中的重要地位。

浙江省从科威特进口的商品以原油、液化丙烷和其他液化丁烷等为主，对科威特出口的商品则主要集中在以家电、家具、服装为代表的轻工产品，其中大多为劳动密集型产品，附加值较低。[2] "一带一路"倡议提出之后，我国对科直接投资注重挖掘互联网技术、通信、软件技术开发等高新技术领域，意味着贸易附加值将逐步提高。

中国是阿曼最大贸易伙伴、出口目的国和第三大进口来源国，"一带一路"倡议实施以来，中国与阿曼的合作成果丰硕。中国向阿曼出口的商品主要为机电产品、钢铁及其制品、高新技术产品、纺织品等；从阿曼进口的商品主要为原油。[3]

浙江省向巴林出口的主要商品为服装及衣着附件、纺织品、空气调节器、

---

① 中华人民共和国商务部. 对外投资合作国别（地区）指南——卡塔尔（2021年版）. 北京：商务部《对外投资合作国别（地区）指南》编制办公室，2022.
② 中华人民共和国商务部. 对外投资合作国别（地区）指南——科威特（2021年版）. 北京：商务部《对外投资合作国别（地区）指南》编制办公室，2022.
③ 中华人民共和国商务部. 对外投资合作国别（地区）指南——阿曼（2021年版）. 北京：商务部《对外投资合作国别（地区）指南》编制办公室，2022.

塑料制品等；从巴林进口的主要商品为废金属、铁矿砂及其精矿、初级形状的塑料等。①

2. 浙江省与海湾四国贸易合作概况

10 年来，浙江省对外贸易规模实现了跨越式发展，外贸发展走到了全国前列，进出口总额从 2012 年的 1.97 万亿元发展到 2022 年的约 4.7 万亿元。②截至 2022 年，浙江省已与全球 230 多个国家（地区）建立贸易往来，对共建"一带一路"国家的进出口总额由 2012 年的 5527 亿元发展到 2021 年的约 1.4 万亿元。③其中，2018—2022 年浙江省对海湾四国货物进出口贸易发展情况如表 1。

表 1　2018—2022 年浙江省对海湾四国货物进出口贸易发展情况（亿美元）

年份	国家			
	卡塔尔	科威特	阿曼	巴林
2018	11.9	14.9	6.7	1.6
2019	13.6	14.4	6.7	1.8
2020	14.8	18.8	16.4	1.6
2021	17.5	22.5	32.8	2.2
2022	29.3	36.3	27.3	2.4

数据来源：中华人民共和国海关总署

中国与包括卡塔尔、科威特、阿曼、巴林在内的海合会国家贸易合作发展迅速，双边贸易额从 2012 年的 1550 亿美元增长至 2022 年的 3158 亿美元。④具体来看，2022 年卡塔尔世界杯举行期间，浙江企业对卡塔尔的贸易出口额出现了爆发性增长，其中足球相关企业数量复合增长率达 30%⑤，为了能够更快地将相关产品输送到卡塔尔，全球小商品重镇义乌还开通了宁波港至哈马德港的"世界杯专线"；科威特则将长三角地区作为对华经贸合作的重点区域，积极推进同浙江省在各领域的务实合作，2020 年，科威特同浙江省的贸易额达 120 亿元人民币；⑥在 2018 年中国（浙江）—巴林经贸论坛上，巴林经济发展委员会、

---

① 中华人民共和国商务部. 对外投资合作国别（地区）指南——巴林》（2021 版）. 北京：商务部《对外投资合作国别（地区）指南》编制办公室，2022.

② 浙江省商务厅. 浙江省进出口统计总表. (2021-02-09)[2023-08-08]. http://zcom.zj.gov.cn/art/2023/2/9/art_1385118_58938872.html.

③ 浙江省统计局. 浙江省进出口统计总表（2022 年 1—12 月）. (2022-10-04)[2023-07-25]. http://tjj.zj.gov.cn/art/2022/10/4/art_1229129214_5004241.html.

④ 中国商务新闻网. 中海合作：谱写互利共赢新篇章. (2023-04-21)[2023-07-25]. https://www.comnews.cn/.

⑤ 中国商务新闻网. "义乌代表队"出战世界杯. (2022-11-24)[2023-07-26]. https://www.comnews.cn/.

⑥ 国际金融报网. 科威特驻沪首任总领事："中国经济发展经验独一无二". (2021-03-13)[2023-07-25]. https://www.ifnews.com/news.html?aid=139528.

巴林商工会分别同浙江省商务厅、浙江省国际投资促进中心签订了备忘录，旨在推动两地全方位、多领域的经贸合作；阿曼也同浙江省建立了较紧密的贸易联系，有大量浙江外贸企业进入阿曼市场，也有一定数量的阿曼商人往来于浙江。延续18年、已历10轮的中海自贸区谈判正在稳步推进，一旦取得突破，将为双边贸易、投资和产能合作便利化打开全新空间。

（二）浙江省与海湾四国的产能合作

近年来，中国和海湾四国的产能合作实现了跨越式发展，能源、基础设施建设等领域的传统合作广泛深入，5G通信、新能源、数字经济等高新技术合作方兴未艾，"智造"新名片、产业新图景展现出中海互利合作发展的新气象，浙江省是推动双方产能合作实现进一步发展的重要力量。

1. 能源合作

能源合作是中海合作的重要领域。2022年，中国自海合会六国进口原油2.1亿吨，同比增长4%。[①]目前，中国前十大石油进口来源国中，海合会国家占据了四席，其中，阿曼和科威特分列第五和第七。

在能源产业领域，浙江省充分利用自贸试验区、进口示范区、海关特殊监管区、重点进口平台等功能平台，开展原油、液化天然气、铁矿砂、未锻轧铜、铜矿砂等大宗商品进口业务。浙江自贸试验区舟山片区积极推动油气全产业链发展，海合会国家正是其重要的合作对象，2017年首届世界油商大会上，浙石化与阿曼国家石油公司签约了原油、物流合作项目。

除了化石能源，清洁能源亦是浙江省同海湾四国的重要合作领域。中国积极拓展同阿拉伯国家在太阳能、风能、水电等领域的合作。例如，中国电建总承包的卡塔尔哈尔萨光伏项目为世界杯足球赛场馆和设施提供清洁电力，使绿色低碳成为2022年世界杯的亮点之一。科威特、阿曼、巴林也都致力于推动能源结构转型和清洁能源发展，海湾四国与中方的共同愿景为浙江省与其合作开发新能源产业提供了良好契机。

2. 基础设施建设合作

基础设施建设是中国与阿拉伯国家高质量合作的重要领域，也是浙江省和卡、科、阿、巴四国产能合作的重点方向。双方基础设施合作基础坚实，合作

---

① 中华人民共和国外交部. 中国同海湾阿拉伯国家合作委员会关系. (2023-07-01)[2023-07-26]. https://svideo. mfa.gov.cn/wjb_673085/zzjg_673183/xybfs_673327/dqzzhz jz_673331/hwalb_673375/gx_673379/.

成效显著，合作前景广阔。双方合作范围除能源基建外，还涉及建筑、水电、交通、通信等领域。2022 年卡塔尔世界杯的主体育场卢塞尔体育场正是浙江省和卡塔尔基建合作的典范之作：该体育场钢结构部分由位于绍兴市柯桥区的精工钢构集团承建，鱼腹式索网结构屋顶的 4000 余个标准化接头则由杭州海伦铸钢有限公司制造。作为拥有世界上最复杂的索膜结构体系及世界上最大的跨度索网屋面单体建筑，卢塞尔体育场被印在了 2020 年卡塔尔发行的新 10 里亚尔的纸币以及 2022 年 11 月 9 日发行的世界杯特别版纪念钞上，使其成为浙企"出海"的一块重要里程碑。总部同样位于绍兴市柯桥区的浙江普天集成房屋有限公司承接了卡塔尔世界杯球迷村 5000 余套集装箱式移动房屋模块的订单，一定程度上解决了世界杯的住宿难题。温州民企正泰集团旗下的正泰电气参与科威特重点民生项目——穆特拉住房基础设施变电站建设项目，正泰据此成为首家进入科威特变电站工程总承包市场的中国民营企业。此项目也成为中国落实"一带一路"倡议和科威特"2035 愿景"深度融合的样本，有效提升了当地的电力供应效率。此外，2022 年 6 月，浙江省海港集团、宁波舟山港集团首个海外项目——迪拜站项目正式落地，旨在以迪拜港为据点，逐步将宁波舟山港的物流服务链条延伸辐射至整个中东地区，卡塔尔、科威特、阿曼、巴林四国的主要港口都处在辐射范围之内。

3. 高新技术产业合作

近年来，海合会国家积极推进经济转型升级，愈发重视发展具有高新技术附加值的产业，在这一过程中，越来越多的中国高新技术企业进入相关国家市场。2022 年 7 月，华为云正式获得科威特通信和信息技术总署许可，成为科威特国家认可的云服务供应商。目前，科威特三家电信运营商均采用华为 5G 设备。在卡塔尔，阿里云攻克"千万级高并发""超低延时"等技术难题，为 2022 年世界杯提供了全程稳定、流畅的线上直播支持。

（三）浙江省与海湾四国的投资合作

1. 海湾四国投资环境与对外投资实力

卡塔尔、科威特、阿曼、巴林均是典型的资源输出型国家，丰厚的油气收入为其提供了良好的经济增长前景，日益完善的基础设施和不断改良的营商环境为外国投资提供了较为理想的发展空间。在经济多元化背景下，海湾四国均鼓励外资参与非油气产业投资，大力支持建筑工程、金融服务、加工制造、航空海运、现代物流、旅游商贸等行业发展。

海合会国家因其巨额油气收入成为全球最重要的资金输出地区之一，其投资遍及全球，近年来，卡、科、阿、巴四国对海外投资的力度和范围也在不断增加，主权财富基金是以上四国对外投资的重要主体。卡塔尔投资局负责管理卡塔尔政府的石油和天然气盈余，是世界第九大主权财富基金，管理资产规模达 4610 亿美元。科威特投资局是世界第四大主权财富基金，管理资产规模约7000 亿美元。阿曼投资局（OIA）成立于 2020 年，为促进经济增长，阿曼投资局将其主权财富基金分为两个投资组合：国家发展投资组合和未来世代投资组合。巴林主权财富基金 Mumtalakat 控股公司管理资产规模约 183 亿美元，其投资对象包括全球 60 多家企业。

2. 浙江省对外投资基本情况

2013—2018 年，浙江省在共建"一带一路"国家中累计投资额 285.2 亿美元，建成十余个境外经贸合作区，带动东道国就业超 6 万人。浙江境外直接投资备案额由 2012 年的 38.9 亿美元发展到 2021 年的 89.9 亿美元，增长 1.3 倍，年均增长 9.7%。浙江对外承包工程完成营业额也从 2012 年的 37.1 亿美元增长到 2021 年的 79.3 亿美元，规模实现翻倍。[①]2022 年度美国《工程新闻纪录（ENR）》"全球最大 250 家国际承包商"榜单中有 4 家浙江企业入围。[②]

表 2　驻海湾四国部分中资企业

所在国家	企业名称
卡塔尔	中国电建集团国际工程有限公司卡塔尔分公司
	中国港湾工程有限公司卡塔尔分公司
	葛洲坝集团公司卡塔尔有限公司
	中国铁建集团卡塔尔分公司
科威特	华为技术科威特有限公司
	中国石化集团国际石油工程有限公司科威特分公司
	中国港湾工程有限责任公司科威特分公司
阿曼	中石油国际阿曼公司
	长城钻探阿曼公司
巴林	中国建筑巴林分公司

资料来源：中华人民共和国驻海湾四国使馆经济商务处

---

① 根据浙江省商务厅数据整合。
② 分别为浙江省建设投资集团股份有限公司、浙江交工集团股份有限公司、浙江省东阳第三建筑工程有限公司、中天建设集团有限公司。

民营企业是浙江省经济的优势所在，浙江省的对外投资主体也以民营企业为主，"十三五"期间，民营企业投资额占到全省投资总额的98.9%。对外投资额居前三的行业为制造业、批发零售业和电力能源业，投资额占比分别达到66.32%、7.39%和7.01%。[①]境外资产排名前三的浙江企业分别是：浙江吉利控股集团有限公司、青山控股集团有限公司和宁波均胜电子股份有限公司。我国驻海湾四国大使馆经济商务处的统计报告目前尚未收录在海湾四国投资常驻的浙江籍企业，说明浙江省与其投资合作水平还有待提高，但同时也意味着双方的投资合作具有较大发展空间。

（四）浙江省与海湾四国的人文合作

中国与中东国家的人文交流与合作涵盖文化、教育、旅游、艺术、科研、智库、广播影视、新闻出版、青年、妇女、卫生、体育、会展等多个领域，从互动层次上来看，双方人文交流呈现出"大多边带动小多边，小多边促进双边，双边推动大小多边"的互动态势。在这一背景下，浙江省积极利用现有的框架和机制，加强与海湾四国的人文交流与合作并取得了长足的发展，这也为浙江省与中东国家在区域与次区域层面的多领域合作开辟了更广阔的空间和更多的机遇。

1. 文化合作

中国同包括卡、科、阿、巴四国在内的阿拉伯国家签署了《中阿文化部长论坛北京宣言》（2014年9月）、《推进共建"一带一路"教育行动》（2016年7月）等一系列政府间文化合作政策性文件。在以上文件的指导下，双方通过互办文物展览、开展联合考古、共同举办艺术节等活动，为中海合作注入更多人文动力。浙江作为文化大省，近年来积极发挥先导作用，力推"丝瓷茶文化""美丽浙江文化节"等文化交流重要品牌活动，向海湾四国和其他共建"一带一路"国家传播浙江省文化艺术发展的灿烂成果。

2016年1月，浙江艺术团作为中国代表参加了科威特第22届古林文化节系列演出活动，表演中国特色歌舞、民乐和杂技节目。同年3月，在中卡文化年重点交流项目"丝绸之路——中国丝绸艺术展"上，浙江丝绸大放异彩，由中国丝绸博物馆组织举办的表演和讲座颇受卡塔尔当地民众欢迎。2018年10月，浙江省文化和旅游厅（今浙江省文化广电和旅游厅）、中国丝绸博物馆、

---

① 浙江省商务厅数据整合。

中国茶叶博物馆、龙泉市人民政府参与在阿曼国家博物馆举办的"丝茶瓷：丝绸之路上的跨文化对话"展览，积极向海湾阿拉伯国家推介浙江文化。

2. 教育合作

2013年以来，中国有重点、针对性地推进与包括卡、科、阿、巴四国在内的中东国家的教育交流合作，双方通过研讨会、校长论坛、政府间协议、大学联盟等方式建立起多样化合作平台。据首届中阿峰会期间的一项统计调查显示，来自卡、科、阿、巴等国的受访者参与各类中阿教育合作项目的意愿强烈，80%的受访者愿意参与政府奖学金支持的留学项目、孔子学院开展的汉语教学或者鲁班工坊等教育合作项目。2019年，浙江外国语学院与阿曼苏哈尔大学签署合作协议，在两校交流互访、课程共享、学生交换、学历对接等方面达成共识。浙江省教育厅于2022年底出台的指导意见提出全面提升中外合作办学质量、全力打造"留学浙江"品牌、全链优化"一带一路"服务等任务，为浙江进一步扩大同海湾四国的教育合作打通了渠道、奠定了基础。

3. 旅游合作

中国和阿拉伯国家在旅游发展愿景和目标方面有诸多契合之处。近年来，随着中国人民物质生活条件的改善，出境旅游发展迅速。

从2016年开始，阿拉伯各国开始针对中国游客密集出台一系列签证简化政策，海湾四国中的巴林、阿曼对中国护照持有者实行落地签，卡塔尔则对中国护照持有者实行免签。早在2013年，卡塔尔航空公司就已正式开通多哈往返杭州的定期航班。作为全球最大的出境游客源国和前往中东旅游人数增长最快的国家，中国对阿拉伯各国是极具吸引力的。2022年11月，海合会国家在沙特召开会议，通过了海湾旅游战略、海湾旅游平台和海湾旅游之都的建议，为中海旅游合作提供了新契机。在此背景下，浙江省具备较好的条件以进一步开拓海湾四国的旅游客源市场，同时带动双方在航空、运输、基础建设、餐饮、酒店、文化创意相关领域的产业合作。

三、浙江省与海湾四国合作的机遇与挑战

（一）浙江省与海湾四国合作成效与未来机遇

1. 浙江省与海湾四国开展贸易合作的机遇

一是浙江产（商）品出口已形成了规模优势。在海湾四国本地产能较弱的

轻工业领域，浙江省以较大优势占据顺差地位。以 2022 年卡塔尔世界杯期间的贸易数据为例，据义乌体育用品协会估算，从卡塔尔世界杯参赛国的旗帜到加油鼓劲的喇叭、哨子，从足球到球衣、围巾，到大力神杯的摆件和抱枕，义乌制造几乎占到整个世界杯周边商品市场份额的 70%。除了具有规模可观的本地产能，浙江省作为我国小商品出口海外的重要集散中心，事实上还通过吸纳其他省份的产能和贸易份额进一步夯实外贸实力。

二是海湾四国市场需求明显。海湾四国均在积极推进经济多元化，发展国际贸易是其实现经济多元化目标的重要途径之一。2015 年开业的"巴林龙城"是中国中东投资贸易促进中心（CHINAMEX）继"迪拜龙城"之后开发的又一个以中国企业和中国商品为主、集中国品牌商品的转口、批发与零售为一体的大型商贸平台，巴方对该项目给予大力支持。2021 年，同样以中国商品为主的阿曼中国批发城在马斯喀特开业，充分证明中国商贸企业在海湾四国拥有较大发展空间。

三是海湾四国的贸易模式升级需求与浙江省的电商优势高度契合。海湾四国经济都较为富足，营商环境良好，民众消费能力较强。海合会国家的互联网渗透率已达 98%，电商零售额近年来保持 20% 的增速，[①]浙江企业较为成熟的电商运营体系和解决方案可助其实现进一步发展。

2. 浙江省与海湾四国产能合作面临的机遇

一是双方资源禀赋具有互补性。海湾四国拥有丰富的油气资源，其中，天然气储量世界第三的卡塔尔于 2022 年 11 月与中国石化签署了为期 27 年的液化天然气（LNG）长期购销协议。与此同时，浙江省正通过打造舟山、台州等地 LNG 接收中心，积极谋划建设 LNG 全国登陆中心，已具备与卡塔尔开展更深层次能源合作的硬件条件。

二是海湾四国基础设施升级需求为浙江企业提供合作契机。近年来，海湾四国均推出了一系列基础设施建设或升级项目，其中的重点项目包括卡塔尔卢赛尔新城项目、科威特穆特拉住房基础设施建设项目、阿曼政府 2022 年内推出的 18 个市政项目，以及巴林《2021—2022 年国家预算草案》提出的 64 个重点基建项目。这为浙江省的基建类投资企业提供了新的合作机遇。

---

① GCC's internet users soar over 98 per cent. (2022-01-17)[2023-08-01]. https://www.zawya.com/en/press-release/gccs-internet-users-soar-over-98-per-cent-and-mobile-subscribers-account-for-over-137-per-cent-of-regions-u3jesjo7.

三是较为理想的营商环境为出海企业管理和生产本地化提供了有利条件。卡、科、阿、巴四国社会安定，经济实力较为雄厚，当地劳动力受教育水平较高。这些条件使其成为浙江企业特别是高端制造业出海中东、设立本土销售和研发部门的理想选址地之一。

3. 浙江省和海湾四国投资合作的机遇

一是投资环境利好。海湾阿拉伯国家充分利用全球变革机遇与新兴大国建立更深刻的合作关系。中国的"一带一路"倡议和海湾四国的国家发展战略高度契合，意味着这些国家和中国之间存在更高程度的协同。截至2022年底，中国与海合会的自贸协定谈判已举行到第十轮，双方在多个谈判领域都取得了积极进展，自贸协定一旦达成，必将为双方投资合作创造更加稳定、有利的制度环境。

二是各国在华投资迅猛增长。以科威特主权财富基金科威特投资局（KIA）为例，过去15年，其在中国的投资增长了近50倍，仅2022年一季度，其持有的卫星化学、安琪酵母、新和成等A股公司股份市值就已超过30亿元，未来还可望进一步加仓中国。[①]海合会与中国之间的互补性为加强经济伙伴关系打开了大门，海湾国家对华投资规模正在迅速扩大，浙江作为中国经济最发达的地区之一，是海湾国家投资项目的良好选址地。

三是中资企业在海湾国家投资机遇分布广泛。从行业来看，中资企业在海湾国家投资可分为四大类：工程总承包项目类、管理经营类、经济贸易类以及海外合作建设类。投资结构逐渐形成以能源合作为主轴，以基础设施建设和贸易投资便利化为两翼，以核能、航天卫星、新能源三大高新领域为突破口的"1+2+3"新格局[②]，投资领域既包括能源开采和贸易等传统合作领域，房建、轨道交通、能源开发、港口、电站等基础设施建设领域，也包括高端制造、通信、金融、新能源、电子科技、航天科技等新兴领域。

4. 浙江省与海湾四国的人文合作的机遇

一是互信互鉴程度日益加深。近年来，中国和阿拉伯国家在各自对外交往中的地位不断上升，从中方角度来看，阿拉伯国家是共建"一带一路"的天然合作伙伴，而从阿方角度来看，中国则是真诚且务实的合作伙伴。双方进一步

---

① 新财富网. 科威特投资局：世界首家主权财富基金如何进行价值投资. (2022-11-21)[2023-08-02]. https://www.xcf.cn/article/eafbca91697e11ed8e250c42a1b68ab6.html.

② 2014年6月5日，中国国家主席习近平在中国—阿拉伯国家合作论坛第六届部长级会议上提出。

扩大人文交流合作得到了政府和社会层面的广泛支持，这为浙江省同海湾四国进一步深化人文合作提供了良好的政策和舆论环境。

二是双方均具备开展国际人文交流所需的综合条件。过去 10 年，浙江省以其独特的创新活力和发展潜力备受瞩目，杭州的国内人才、海外人才、互联网人才净流入率连续多年位居全国前列，赛迪顾问城市经济研究中心发布的 2022 中国活力城市百强榜中浙江省有 8 个地级市[①]上榜。与此同时，多哈、科威特城、麦纳麦、马斯喀特等海湾四国城市也已发展成为中东范围内繁荣新兴的现代化之城。浙江省与海湾四国均具备城市开放度、经济增长活力、文化吸引力以及区位优势等国际化基本要素，这使得浙海双方具备更多优势条件以进一步推动人文交流与合作。

三是浙江省的数字经济优势契合海湾四国人文产业发展需要。经过多年的发展，浙江省在数字经济领域已走到了全国前列，在人文方面，浙江省汇聚了有关线上展会、线上课堂、线上博物馆、线上论坛、线上旅游等新业态领域的一批龙头企业，并迅速得到广泛认可。在经济多元化战略背景下，海湾四国对人文产业发展给予了高度重视，来自浙江省的数字人文经验与技术则可助力其实现数字化、现代化、便捷化的高质量发展转型。

（二）浙江省与海湾四国合作面临的挑战

1. 经济风险

卡、科、阿、巴四国国土面积较小，市场体量有限。在此条件下，以走量取胜的轻工业商品在单一国家市场的销售额度上限较低。例如，尽管浙江省企业对卡塔尔的贸易出口额在 2022 年世界杯期间出现了爆发性增长，但这类放大效应的持续时间有限。

当前浙江与海湾四国开展经济合作的主体仍以企业为主，由政府部门、行业协会实际参与或执行的合作项目较少，这间接导致双方合作的抗风险能力处于较低水平。从宏观层面来看，全球经济面临多重下行风险，国际大宗商品市场出现价格剧烈波动恐将成为常态，这一系列影响因素造成的连锁反应会对浙江省与海湾四国的合作造成一定冲击。

---

① 依次是杭州（第 9 位）、宁波（第 12 位）、金华（第 28 位）、温州（第 31 位）、绍兴（第 36 位）、嘉兴（第 39 位）、台州（第 47 位）、湖州（第 51 位）。

3. 多向竞争

首先，海湾四国向来与欧美企业合作紧密，例如，卡塔尔主权财富基金投资了西门子、大众汽车、荷兰皇家壳牌等诸多西方知名企业，双方开展进一步合作具有天然优势；其次，海合会国家普遍愈发重视劳动力本土化，这将导致浙江省出海企业用工成本提升，利润空间被压缩；再次，国内其他省（区、市）也在积极加强同海湾四国的产能合作，中阿关系新格局下，浙江省企业将面临更大的竞争压力。

4. 合作环境的不确定性

在营商环境方面，包括卡、科、阿、巴在内的海湾国家正在积极推进劳工本土化，基于当地劳动力市场特点，中资企业营商成本将与劳工本土化程度成正比。此外，对特定行业和活动的外国投资也将可能受到一定的限制，进而对计划进入四国市场的浙企造成一定影响。

在法律环境方面，海湾四国的现行法律不仅对外资可以进入的行业领域有明确的法律规定，而且对外商投资的持股比例也有明确的限制。另外，阿拉伯国家的法律政策有其特殊性，导致初次进入市场的中资企业在妥善处理各方关系方面面临挑战。

四、浙江省与海湾四国深化合作的建议

（一）加强贸易合作，实现优化升级

当前世界经济复苏仍显动能不足，国际贸易前景依然不明朗。在此背景下，只有多措并举，加快培育国际贸易高质量发展新动能，才能削弱不利因素带来的负面影响。浙江与海湾四国应携手合作，在维护双方贸易合作、推动双方贸易方式高质量转型方面有所作为。

1. 加强政企沟通，拓宽合作路径。政府部门可进一步发挥好引导作用，对出海企业形成有力支持。首先，应抓紧首届中阿峰会的历史契机，积极加强同海湾四国的政策对接，营造更有利于浙企出海合作的营商环境，开辟有助于双边贸易规模进一步提升的绿色通道；其次，可联合行业协会积极开办面向海湾四国的经贸论坛，为双方企业提供接洽和合作平台；再次，应发挥协调作用，进行适当的政策扶持，鼓励更多具有发展前景的企业开展同海湾四国的贸易合作。

2. 优化升级传统贸易合作模式。配合国内传统制造业的转型升级，进一步推动同海湾四国传统贸易的高质量发展：提升产品质量，改变部分消费者对"中国制造＝质量低劣"的刻板印象；增加产品种类，结合海湾四国的实际情况开发更适合当地市场特点的产品；树立良好品牌形象，一方面积极鼓励大型企业深入当地市场，另一方面继续推进诸如"龙城"的综合商贸项目，汇聚体量较小的民营散户集中力量作战。

3. 探索全新贸易合作模式。浙江省与海湾四国的贸易合作不应只局限于轻工业产品，还应积极推动浙江高新技术产品扩大出口，例如新能源汽车、单晶硅玻璃、人工智能产品等。这类贸易商品往往有更高的附加值，也能助力浙江省出海企业提升企业形象。此外还应对订购、物流、清关各环节进行同步升级，增强供应链韧性。

4. 用好电子商务金名片。从 2017 年到 2021 年，我国跨境电商出口平均增速高达 40%，浙江省更是走在跨境电商领域的前列，浙江省应用好这张"金名片"，积极布局海湾四国市场，通过扎根重点国家（城市），辐射周边市场的方式规避单一国家市场体量小的问题。在与其他国家跨境电商巨头的竞争过程中，则应进一步优化合作模式，为海湾四国市场提供一站式、全流程的综合服务，为其提供全球开店、主体培育、品牌推广、人才支撑、全供应链及经营合规的全方位、多角度支持。

（二）深化产能合作，应对共同挑战

国际产能合作是共建"一带一路"的重要途径，浙江省与海湾四国欲破解产能合作困境、突破产能发展瓶颈，需找准双方产能合作与各自发展战略的契合点，科学规划合作步骤，扬长避短，稳步推进。

1. 优化能源合作模式。在未来较长一段时期内，能源合作仍是双方合作的中流砥柱，但能源转型加速的时代背景要求双方能源合作的转型升级也需同步提速：一方面是油气合作的绿色升级，浙江省可以舟山绿色石化基地为窗口，推动同海湾四国间的油气全产业链减碳、降碳技术合作；另一方面是清洁能源合作，浙江省应积极发挥清洁能源领域的先发优势，提前布局合作路径，积极参与海湾四国太阳能、风能、绿氢等清洁能源产业的投资和开发。

2. 紧密结合经济多元化战略推进产能合作。浙江政府部门和企业应紧密关注海湾四国经济多元化发展战略，找准关键增长点。结合浙企优势，在人工智能、互联网＋、新能源汽车、玻璃纤维等高科技领域及产品线上加强同海湾四国的合作，以顺应其本地产能由低端向高端发展的进程，实现互利互惠，放大"浙江制造"品牌效应。

3. 扬长避短，规避竞争风险。首先，首次进入海湾四国市场的浙企应量力而行，充分考虑其优势如何与东道国资源在有效防控风险基础上实现适配；其次，出海浙企应做到因地制宜，海湾四国的社会经济环境与我国有较大差异，相关企业提供的产品或服务应以适应当地条件为基础；再次，出海企业应重视经营模式和生产技术的创新，提高产品科技附加值，与国际标准实现正循环。

（三）鼓励双向投资，实现提质增效

高水平的双向投资是浙江省与海湾四国参与全球价值链生产网络的现实反映，也是双方共同应对内外失衡和供给体系失稳的重要方法，更是推动双方全球价值链升级和产业链布局的全新机遇。浙江省和海湾四国都应发挥优势，主动作为，挖掘增长点，进而推进双方投资合作发展，实现互利共赢。

1. 进一步优化双向投资环境。政策及经济环境对企业投资决策进程具有极其重要的影响。截至2021年底，中国已与14个阿拉伯国家签署了《双边投资协定》，与12个国家签署了《避免双重征税协定》，宏观环境在朝着利好双方投资合作的方向发展。浙江省与海湾四国的政府、企业各级主体应加强战略衔接，着力推动能源、金融、物流、自由贸易区等领域加强合作，寻求更多的共同利益点；还可通过积极举办行业展会为双方企业提供交流平台，助力其寻找优质投资机会；双方还应积极促成双边贸易自由化和投资便利化，优化投资环境，以投资促合作，以合作助投资，形成投资与合作的有效互动和良性循环。

2. 进一步吸引重点主体对浙投资。海湾四国的主权财富基金是世界范围内较为优质的投资主体。以卡塔尔为例，随着2022年世界杯的成功举办，标准普尔（S&P）将其主权信用评级上调至AA级，维持"稳定"前景展望，穆迪则宣布将其前景展望由"稳定"调升至"积极"，保持Aa3信贷评级。卡塔尔投资局股权投资范围遍及全球，触角延伸至多个行业，其参与投资的项目包括巴克莱银行、瑞士信贷、大众、保时捷、英国航空、埃及电信、德国莱茵集团、法国巴黎圣日耳曼足球俱乐部等。浙江省可积极发挥数字经济、物联网、高端制造、产业配套等方面的优势，吸引例如卡塔尔投资局这类优质主体来浙投资。

3. 建立健全浙企对外投资的风险评估与应急机制。由于中国海外投资起步较晚，企业在进行海外投资时缺乏风险防范意识这一问题较为明显，近年来，"出海抢单"的浙江民营企业也存在这一问题。面对海湾四国市场存在的各类投资风险，相关投资企业及政府都应积极树立风险防范意识，完善管理体制，优化投资规模，建立高效统一的宏观管理协调机构，培养高素质的管理人才；进一步助力对外投资主体更快更好地适应当地市场，从而实现长期稳定的盈利。

（四）扩大人文合作，固强桥梁纽带

浙江省和海湾四国基于各自的文化资源禀赋，在人文合作领域具有广阔的发展空间——良好的文化交流与合作一方面有助于双方人民彼此借鉴、互相学习、增进了解，另一方面可发挥桥梁、纽带作用，有力促进双方在各领域关系的发展。

1. 推动双方人文合作机制化发展。浙江省与海湾四国的人文合作规模尽管较以往有所增长，但总体上尚未形成机制化发展趋势。在这一方向上，双方可着力打造符合对方国家民众社会习俗和接受度较高的文化产品，通过组织举办展览、文化年、文化论坛等活动加强对彼此的了解；可进一步推动教育合作，鼓励更多浙江高校和科研机构同海湾四国建立合作关系；可合作开发特色旅游产品，加强针对对方客源市场的旅游宣介力度。在此基础上，搭建起符合双方特色的合作平台，并逐渐形成较为成熟的合作机制。

2. 借数字赋能谋求人文合作形式的创新发展。浙江省可积极发挥数字产业优势，主动对接海湾四国，组织开展云端文化讲坛、云端博物馆、云端旅游等线上人文交流活动；积极运用大数据、人工智能等数字化信息挖掘技术精细化打磨人文交流合作内容；还应秉持融合化、体系化资源保障思路，在全面实现双方数字化人文交流资源互联互通基础上，对原有人文交流平台进行连续性的系统优化。

3. 以人文合作推动其他领域合作。人文交流促进民心相通，意在面向未来。人文合作是经济务实合作的重要推手，浙江省和海湾四国应借人文合作之东风构建全方位经济合作新格局：一是推动文教旅游基础设施建设合作，推进美术馆、图书馆、文化馆、博物馆等合作项目落地，推动浙江省或海湾四国品牌酒店、购物中心、度假村等项目进入对方市场；二是推动文化相关投资贸易发展，杭州孚德品牌管理有限公司获取卡塔尔世界杯吉祥物La'eeb自产自销权，卡塔尔世界杯周边商品七成"义乌造"，便是人文合作与经贸合作携手并进的重要例证；三是以人文交流孕育新兴产业合作，海湾四国人口年轻化特点突出，年轻群体对新兴事物的接受度高，可积极推动双方在影视、动漫、游戏等新兴文化产业领域的合作；四是通过开辟新友城建立更深更广的合作关系，智慧城市发展理念已进入海湾四国，浙江应发挥智慧城市建设经验，以"友城"这条人文纽带维系更加长远的未来。

结　语

浙江省与海湾四国——卡塔尔、科威特、阿曼、巴林的合作关系是中国与阿拉伯国家合作关系中的重要组成部分。近 10 年来，浙江省与海湾四国通过中国与阿拉伯国家之间的双边、多边合作机制，搭建了政府和企业间不同层级、不同维度的对接和交流平台，共同致力于推动贸易便利化、消除贸易壁垒、鼓励双向投资，充分发挥各自的产业优势，并促成在能源、基建、高新技术产业领域合作的长足进步，另外还以人文为纽带，串联、凝聚、搭建双方多领域协同发展的新格局。尽管双方未来合作仍面临着一些考验或挑战，但乘着新时代中阿关系进一步深入发展的东风，我们有理由相信和期待，浙江省与海湾四国的合作事业必将迈上新台阶。

浙江省与阿拉伯沙姆地区四国（叙利亚、约旦、黎巴嫩、巴勒斯坦）合作发展报告

徐爽心

摘　要： 中东国家是"一带一路"建设的重要参与者和合作伙伴，沙姆地区四国尽管体量不大，却是中东国家中历史厚重、文化高度发达的区域，有着重要的影响力。党的十八大以来，作为开放强省的浙江紧紧抓住国家推进一系列重大对外战略的良机，高度重视融入"一带一路"建设，深化与世界各国的互利合作。2013—2022年，浙江省与沙姆地区四国不断展开合作，形成了"贸易往来频繁，贸易总额占全国比例高；人文合作成果突出，民间交往密切深入；海外影响和知名度高，浙江'关键词'海外传播广"的发展局面。为了推动"一带一路"建设不断向前发展，浙江省应继续拓展与沙姆地区四国的合作，"精准定位，予人所需；优势互补，资源共享；渠道拓展，加强外推；用好名片，树立品牌"，成为"一带一路"建设中的先行省份。

关键词： 浙江省；"一带一路"；国际合作；沙姆地区

作者简介： 徐爽心，哲学博士，浙江外国语学院东方语言文化学院阿拉伯语系副主任、讲师。

　　沙姆地区是阿拉伯世界对于从地中海东岸到两河流域为止的整个黎凡特地区或大叙利亚地区的称呼，尽管在历史不同时期其具体所指略有不同，但如今现代意义上讲的"沙姆地区"一般包括叙利亚、约旦、黎巴嫩和巴勒斯坦。近代史上，沙姆地区曾因《赛克斯—皮科协定》被英法两国瓜分，其中约旦和巴勒斯坦归英国接管，黎巴嫩和叙利亚归法国接管，造成沙姆地区分化为四个国家，尽管其大小不同、制度各异，但这一地区以其文化上的共同根基常常被作为一个整体来进行研究。沙姆地区的四个国家位于中东的十字路口，各自享有

重要的战略资源和战略地位。

党的十八大以来，面对百年未有之大变局，浙江省忠实践行"八八战略"，奋力打造"重要窗口"，完整、准确、全面贯彻新发展理念，坚持稳中求进工作的总基调，深度融入国际经济，扩大对外开放、创新贸易模式、优化贸易结构、不断推动对外经济的高质量发展，实现了从"外贸大省""开放大省"到"开放强省"的转变①，浙江紧紧抓住国家推进一系列重大对外战略的良机，努力在经济全球化中抢占先机、赢得主动，高度重视融入"一带一路"建设，深化与世界各国的互利合作，贸易伙伴多元拓展，区域合作亮点纷呈。2013—2022年，浙江省与沙姆地区四国在贸易、文化、旅游、教育等方面的合作不断展开，取得了丰硕成果。

一、浙江省与沙姆地区四国合作背景

2004—2021年，中国与22个阿拉伯国家的进出口总额从367.1亿美元增长到3302.4亿美元，年均增幅达13.8%。中国已成为阿拉伯国家的最大贸易伙伴。②此外，中国已经同21个阿拉伯国家及阿拉伯国家联盟（阿盟）签署共建"一带一路"合作文件，在能源、基础设施等领域实施了200多个大型合作项目，成果惠及阿拉伯世界近20亿人。这为中国同众多中东国家建立全面合作、共同发展、面向未来的伙伴关系奠定了坚实的基础。浙江省与沙姆地区四国的友好合作交流正是建立在"一带一路"大背景之下中国同中东国家互利合作、中国和沙姆地区四国的双边友好关系基础之上的。

（一）中国同沙姆地区四国合作发展现状

近年来中阿关系不断升温，双方关系行稳致远。2014年，中阿贸易额突破2511亿美元，中国从阿拉伯国家进口原油约1.5亿吨，成为阿拉伯国家第二大贸易伙伴。7个阿拉伯国家成为亚洲基础设施投资银行创始成员国。未来，中国将同阿拉伯国家继续合作共建"一带一路"，不断扩大"粮食、能源、投融资、医疗等领域"的务实合作。由此可以看出，中国同中东国家之间有着相近的发展诉求理念、相同的发展使命、相融的发展利益，双方交往正向着更高质

---

① 浙江省统计局. 高水平对外开放持续扩大　全面开放新格局加快形成——党的十八大以来浙江经济社会发展成就系列分析之九. (2022-10-04)[2023-03-02]. http://tjj.zj.gov.cn/art/2022/10/4/art_1229129214_5004241.html.
② 商务部国际贸易经济合作研究院. 中国与阿拉伯国家经贸合作回顾与展望2022. (2022-12-08)[2023-3-25]. https://www.caitec.org.cn/n6/sy_xsyj_yjbg/json/6234.html.

量、更深层次的互利共赢不断迈进。

中国拥有联合国产业分类中全部工业门类，而沙姆地区四个国家作为中东地区的代表国家则普遍面临着经济转型的问题，双方经济互补性非常强，这些年在能源、基建、产能、金融、投资等传统领域进行了广泛的合作。[①]

2011 年叙利亚危机爆发后，叙利亚经济困境加剧，对外贸易锐减，主要进口燃料、食品、服装等。2021 年，中国与叙利亚双边贸易额 4.8 亿美元，其中中方出口 4.8 亿美元，进口 100 万美元。[②]

约旦是发展中国家，资源较贫乏，可耕地少，依赖进口。国民经济主要支柱为侨汇、旅游和外援。其自然资源主要有磷酸盐、钾盐、铜、锰、铀、油页岩和少量天然气。其工业类型多属轻工业和小型加工工业，主要有采矿、炼油、食品加工、制药、玻璃、纺织、塑料制品、卷烟、皮革、制鞋、造纸等，有磷酸盐、钾盐、炼油、水泥、化肥 5 个规模较大的工业产业。[③]2021 年，中国与约旦双边贸易额 44.2 亿美元，同比增长 22.4%，其中，中方出口 39.9 亿美元，同比增长 25.5%，进口 4.2 亿美元，同比下降 0.2%。2021 年，中国企业对约直接投资 2024 万美元。[④]

黎巴嫩工业基础相对薄弱，以加工业为主。主要行业有非金属制造、金属制造、家具、服装、木材加工、纺织等。从业人数约 20 万，占黎巴嫩劳动力的 7%，是仅次于商业和非金融服务业的第三大产业。矿产资源少，且开采不多。矿藏主要有铁、铅、铜、褐煤和沥青等。[⑤]外贸在黎巴嫩国民经济中占有重要地位，政府实行对外开放与保护民族经济相协调的外贸政策。出口商品主要有铁铝铜、板材、金属废料、黄金制品等。主要贸易对象是欧盟、阿联酋、中国、美国、土耳其等。2022 年 1—8 月，黎巴嫩对外贸易总额为 133 亿美元，其中进口额 107 亿美元，出口额 26 亿美元。[⑥] 2021 年，中国与黎巴嫩双边贸

① 黄宏，方臻子. 元首外交的"中东时刻"，为何如此关键？. (2022-12-11)[2023-03-25]. https://baijiahao.baidu.com/s?id=1751834842144831021&wfr=spider&for=pc.
② 中华人民共和国商务部. 中国—叙利亚经贸合作简况（2021 年）. (2023-02-23)[2023-04-15]. http://xyf.mofcom.gov.cn/article/tj/hz/202302/20230203384635.shtml.
③ 中华人民共和国外交部. 约旦国家概况. [2023-04-15]. https://www.mfa.gov.cn/web/gjhdq_676201/gj_676203/yz_676205/1206_677268/1206x0_677270/.
④ 中国—约旦经贸合作简况（2021 年）. (2023-02-13)[2023-04-15]. http://xyf.mofcom.gov.cn/article/tj/hz/202302/20230203384632.shtml.
⑤ 中华人民共和国外交部. 黎巴嫩国家概况. [2023-04-15]. https://www.mfa.gov.cn/web/gjhdq_676201/gj_676203/yz_676205/1206_676668/1206x0_676670/.
⑥ 中华人民共和国外交部. 黎巴嫩国家概况. [2023-04-15]. https://www.mfa.gov.cn/web/gjhdq_676201/gj_676203/yz_676205/1206_676668/1206x0_676670/.

易额 15.6 亿美元，同比增长 59.3%。其中，中方出口 15.1 亿美元，同比增长 59.5%；中方进口 0.5 亿美元，同比增长 50.7%。① 截至 2021 年底，中国企业对黎巴嫩累计直接投资存量约 44 万美元。

巴勒斯坦经济以农业为主，其他有建筑业、加工业、手工业、商业、服务业等。巴勒斯坦经济严重依赖外来援助。其工业水平很低，规模较小，主要是加工业，如塑料、橡胶、化工、食品、石材、制药、造纸、印刷、建筑、纺织、制衣、家具等。② 2021 年，中国与巴勒斯坦双边贸易额 1.28 亿美元，同比增长 27.8%。③

（二）浙江省与沙姆地区四国合作的基础与定位

中国拥有完整全面的工业体系，商品种类丰富，浙江省位处长三角经济圈，是中国的经济强省、文化名省、创新活力之地，近年来对中东国家出口贸易规模持续增大，而沙姆地区四国在产业上可提供原料、矿产、农作物等产品，双方可通过贸易实现一定的优势互补。

浙江是中国经济大省与开放强省，是中国民营经济的强省和对外贸易的排头兵，长期以来省政府和各级政府重视对外开放，服务于民，民间重商氛围浓厚，浙江商人敢为人先，在出海投资、对外贸易领域扮演着重要角色。浙江各级政府积极支持贸易和对外开放，此外还重视简化办事流程，加强政府服务能力，因此形成了外向型经济的良好发展势头。

沙姆地区四国也是自古以来商业文化极其发达的地区，重商传统和商业文化在该地区得到了较好的传承，沙姆地区也是中东地区物产最丰富、贸易最发达、文化最繁荣的地区之一，曾经是古丝绸之路上的重要节点。如今，随着"一带一路"倡议的提出，沙姆地区四国也纷纷响应并先后加入这一倡议，其中黎巴嫩在 2017 年同中国签署了共建"一带一路"合作文件，叙利亚和巴勒斯坦在 2022 年同中国签署了共建"一带一路"谅解备忘录。中约商贸往来、人文交流持续不断。约方表示愿与中方深化共建"一带一路"合作，推进能源、基础

---

① 中华人民共和国商务部. 中国—黎巴嫩经贸合作简况（2021 年）. (2023-02-13)[2023-04-15]. http://xyf. mofcom.gov.cn/article/tj/hz/202302/20230203384631.shtml.

② 中华人民共和国外交部. 巴勒斯坦国家概况. [2023-04-15]. https://www.mfa.gov.cn/web/gjhdq_676201/gj_ 676203/yz_676205/1206_676332/1206x0_676334/.

③ 中华人民共和国商务部. 中国—巴勒斯坦经贸合作简况（2021 年）. (2023-02-13)[2023-04-15]. http://xyf.mofcom. gov.cn/article/tj/hz/202302/20230203384615.shtml.

设施等领域的大项目建设，共谋发展繁荣。中约双方于 2023 年签署了关于共同推进"一带一路"建设的谅解备忘录。

民营经济高度发达、重商传统是浙江也是沙姆地区的重要特征，在政府主导的合作框架内，浙江省同沙姆地区国家的交往更广阔的空间实则在民间。目前浙江"义乌"模式取得了一定成功，但如何释放民营经济的活力，为双边企业架线搭桥，是未来进一步拓展浙江省与沙姆地区四国合作空间的抓手；如何让更多的"产能"被知道、被了解、被认可，是未来浙江品牌从"小商品"走向"大商品"，浙江企业"走出去"和沙姆地区外资"引进来"，进一步扩大贸易额和投资额、深化双边合作交往的关键。

二. 浙江省与沙姆地区四国合作交流情况

在中国国家层面与中东国家友好往来，关系逐步升温的大背景下，2013—2023 年，浙江省与沙姆地区四国合作主要体现在贸易合作、投资合作、人文交流等方面。

（一）浙江与沙姆地区四国贸易合作

浙江和中东国家之间经贸往来密切。一方面，浙江省作为经济发展大省在能源需求和安全上也依赖对中东地区石油资源的进口。另一方面，中国已成为阿拉伯国家第一大贸易伙伴国，2020 年，阿拉伯国家对外贸易总额为 15855.2 亿美元，其中与中国的贸易总额比重为 15.1%；2021 年贸易总额为 21628.3 亿美元，与中国的贸易比重达 15.3%。中国已连续两年成为阿拉伯国家的最大贸易伙伴。[①] 2020 年中阿双边贸易额达 3000 多亿美元；2022 年前三季度，又继续高位增长，达到约 3193 亿美元，接近 2021 年全年水平。其中，2022 年前 10 个月，浙江对阿盟进出口总额达 4036 亿元，其中出口 2139.5 亿元，进口 1896.5 亿元。

而限于自身体量、人口规模、发展水平、政策导向等原因，浙江省与沙姆地区四国进出口额在浙江省对中东国家整体的进出口总额中占比不高，2017—2022 年浙江省对沙姆地区四国进出口情况如下表（表 1、表 2）：

---

① 商务部国际贸易经济合作研究院. 中国与阿拉伯国家经贸合作回顾与展望 2022. (2022-12-08)[2023-3-25]. https://www.caitec.org.cn/n6/sy_xsyj_yjbg/json/6234.html.

表1　2017—2022 浙江省对沙姆地区四国出口额

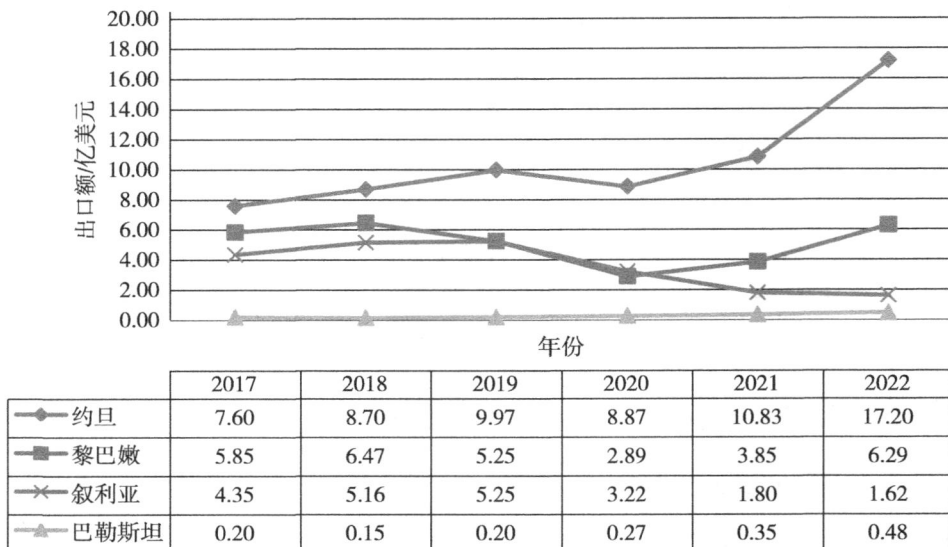

	2017	2018	2019	2020	2021	2022
约旦	7.60	8.70	9.97	8.87	10.83	17.20
黎巴嫩	5.85	6.47	5.25	2.89	3.85	6.29
叙利亚	4.35	5.16	5.25	3.22	1.80	1.62
巴勒斯坦	0.20	0.15	0.20	0.27	0.35	0.48

数据来源：中华人民共和国海关总署. [2023-04-13]. http://stats.customs.gov.cn/.

表2　浙江省从沙姆地区三国进口额　　　　　　　单位：亿美元

国家	年份					
	2017	2018	2019	2020	2021	2022
约旦	0.3	0.2	0.4	0.3	0.5	1
黎巴嫩	0.2	0.2	0.1	0.2	0.3	0.5
叙利亚	0.002	0.003	0.008	0.003	0.002	0.002

数据来源：中华人民共和国海关总署. [2023-04-13]. http://stats.customs.gov.cn/.

　　通过对海关总署统计数据进行整理和比较分析，可以发现浙江省对沙姆地区四个国家的出口额占全中国对其总出口额的30%左右(表3)，足以显现出浙江省在对中东国家贸易中的重要地位。浙江省向中东国家输出的产品，主要是电动工具、小商品、小家电等。

表3　2022年浙江省与全国对沙姆地区四国进出口额比较　　　单位：亿美元

国家	全国出口额	浙江省出口额	占比	全国进口额	浙江省进口额	占比
约旦	57.1	17.2	30%	7.4	1.0	14%
黎巴嫩	25.2	6.3	25%	0.6	0.5	73%
叙利亚	4.2	1.6	38%	0.02	0.0024	11%
巴勒斯坦	1.6	0.5	30%	0.0002	—	0.1%

数据来源：中华人民共和国海关总署. [2023-04-13]. http://stats.customs.gov.cn/.

（二）浙江与沙姆地区四国贸易投资合作

在投资方面，我国整体上对沙姆地区四国的直接投资数额仍然较为有限，据商务部统计，截至 2020 年末，中国对叙利亚直接投资存量 0.14 亿美元，2020 年、2021 年无新增投资。[①]2020 年，中国企业对约旦直接投资 0.16 亿美元。2021 年，中国企业对约旦直接投资 2024 万美元。截至 2021 年底，中国企业对约旦直接投资存量 2.2 亿美元。[②]截至 2021 年底，中国企业对黎巴嫩累计直接投资存量约 44 万美元。2021 年，中国企业对黎无新增直接投资。[③]截至 2021 年中国企业对巴勒斯坦无投资。[④]

近年来全球跨国投资波动较大，但我国实际使用外资保持持续稳定增长，2021 年中国全年实际使用外资达到历史最高水平 1809.6 亿美元，增速达 21.2%。新设外资企业 4.8 万家，同比增长 23.5%，实现引资规模和企业数量"双增长"。[⑤]中国改革开放以后，中东国家开始在中国投资。科威特从 1982 年开始就向中国政府提供低息贷款，至 20 世纪 90 年代末，阿联酋和科威特是中国最大的投资者，投资进一步扩大到石油化工等规模较大的项目。进入 21 世纪，科威特、阿联酋、沙特等国家扩大了对华投资，投资主要集中在石化、物流、轻工、建材、金融等领域。2010 年，阿拉伯国家对华直接投资达到 6.5 亿美元的顶峰，后期则出现较大回落。[⑥]

根据浙江省商务厅公开数据（表 4、表 5），2020 年沙姆地区四国对浙江省的投资项目共计 50 个，约占亚洲国家（地区）对浙江省投资项目总数的 2.6%，其中同约旦合同外资金额达 10 亿美元；2022 年沙姆地区四国对浙江省的投资项目总数为 65 个，约占亚洲国家（地区）对浙江省投资项目总数的 3.2%，合同外资金额总计 0.11 亿美元。但在实际使用外资金额方面，2020 年仅有叙利亚外资 306 万美元、黎巴嫩外资 5 万美元，2022 年仅有约旦外资 7 万美元，实

① 中华人民共和国商务部. 中国—叙利亚经贸合作简况（2020 年）（2021 年）. [2023-04-15]. http://xyf.mofcom.gov. cn/article/tj/hz/202111/20211103221295.shtml.http://xyf.mofcom.gov.cn/article/tj/hz/202302/20230203384635.shtml

② 中华人民共和国商务部. 中国—约旦经贸合作简况（2020 年）（2021 年）. [2023-04-15]. http://xyf.mofcom.gov. cn/article/tj/hz/202111/20211103221316.shtml.http://xyf.mofcom.gov.cn/article/tj/hz/202302/20230203384632.shtml.

③ 中华人民共和国商务部. 中国—黎巴嫩经贸合作简况（2021 年）. (2023-02-13)[2023-04-15]. http://xyf.mofcom. gov.cn/article/tj/hz/202302/20230203384631.shtml.

④ 中华人民共和国商务部. 中国—巴勒斯坦经贸合作简况（2021 年）. [2023-04-15]. http://xyf.mofcom.gov.cn/ article/tj/hz/202111/20211103221360.shtml.

⑤ 中国外商投资报告 2022. [2023-3-27]. http://wzs.mofcom.gov.cn/article/ztxx/202301/20230103377273.shtml.

⑥ 《中国与阿拉伯国家经贸合作回顾与展望 2022》. (2022-12-08)[2023-03-25]. https://www.caitec.org.cn/n6/sy_xsyj_yjbg/json/6234.html.

际使用外资可能受项目执行约期影响尚未全部落实到位。上述国家一些民间资本因其国内金融和产业方面的限制实际上存有较大的对外投资需求，但投资方常因语言、信息壁垒等无法了解投资具体省份的规章制度，因此浙江省应加强自身宣传，吸引外资进入。

表 4　2020 年 1—12 月沙姆地区四国对浙江省投资统计　　单位：万美元

国家（地区）	项目（企业）个数			合同外资金额			实际使用外资金额		
	本年累计	占总数%	同比±%	本年累计	占总数%	同比±%	本年累计	占总数%	同比±%
约旦	15	0.5	−31.8	100045	2.9	60903.1			−100.0
叙利亚	21	0.7	−62.5	60	0.0016	−85.2	306	0.0	665.0
黎巴嫩	4	0.1	−55.6	32	0.0012	131.1	5	0.0	400.0
巴勒斯坦	10	0.4	−37.5	46	0.0015	−54.0			

数据来源：浙江省商务厅. [2023-04-18]. http://data.zj.gov.cn/jdop_front/detail/data.do?iid=19969&searchString=.

表 5　2022 年 1—12 月沙姆地区四国对浙江省投资统计　　单位：万美元

国家（地区）	项目（企业）个数			合同外资金额			实际使用外资金额		
	本年累计	占总数%	同比±%	本年累计	占总数%	同比±%	本年累计	占总数%	同比±%
约旦	18	0.6	−28.0	470	0.0	−89.7	7	0.0	600.0
叙利亚	24	0.8	−14.3	208	0.0	−17.1	0	0.0	
黎巴嫩	6	0.2	−40.0	172	0.0	196.6	0	0.0	
巴勒斯坦	17	0.6	142.9	245	0.0	528.2	0	0.0	

数据来源：浙江省商务厅. [2023-04-18]. http://data.zj.gov.cn/jdop_front/detail/data.do?iid=19969&searchString=.

敢为人先、勇立潮头的浙江商人也是第一批在沙姆地区创业的中国人，有自 2006 年起在约旦首都安曼投资开办约旦第二大超市的义乌商人，有在黎巴嫩开餐厅的宁波商人，也有 2022 年走进叙利亚开第一家奶茶店的温州商人。他们敢冒风险、寻找商机，2016 年迪拜浙江商会曾到约旦投资"龙城"，2018年正式开业，然而因为缺乏综合考察导致后期经营不善。浙江商人的财富故事在民间，并不总是出现在统计数字中。浙江是中国的市场大省和市场强省，而到境外办市场是浙江实施"走出去"战略的一个力作。在市场中摸爬滚打出来的一批又一批的浙江商人，走出浙江，发挥浙江市场优势，实施"商人、商铺、商品"输出，到外地创办市场，把浙江市场理念和模式推广到全国各地乃

至海外的一些国家和地区。^①

（三）浙江与沙姆地区四国人文交流

人文交流是中国和中东国家开展合作和发展双边关系的重要内容，也为双方加强经贸合作奠定了重要的民间基础。在拥有悠久的人文交流历史的基础上，双方始终坚持以开放包容心态看待对方，成为不同社会制度、不同文化传统国家和谐相处的典范。

中国与约旦的人文交流。1979 年，中约两国签署文化合作协定，迄今已签署 9 个年度文化合作协定执行计划。2010 年，约旦派团分别来华参加阿拉伯艺术节、上海世博会、中阿经贸论坛开幕式文艺晚会。2011 年以来，中方连续 7 年参加约旦杰拉什艺术节。2018 年 1 月，中国与约旦签署《中华人民共和国政府和约旦哈希姆王国政府关于在约旦设立中国文化中心的协定》，2021 年安曼中国文化中心启动试运行。2004 年 12 月，我国旅游团队赴约旦旅游业务启动。2009 年 2 月，约旦对中国公民提供落地签证待遇。我国在约旦设有两所孔子学院，分别是安曼 TAG 孔子学院和费城大学孔子学院。2009 年，约旦大学开设中文本科班。2013 年 5 月，中国国际广播电台约旦安曼 FM94.5 调频台正频率落地项目正式开播，24 小时播出阿拉伯语节目。^②

中国与黎巴嫩的人文交流。1992 年，中黎双方签署文化交流协定。2010 年 5 月，中黎签署 2009—2012 年文化交流执行计划。2006 年 11 月，中国驻黎巴嫩大使馆与黎巴嫩圣约瑟夫大学签署在该校设立孔子学院的协议。黎巴嫩参加了 2010 年上海世博会，并派代表团来华出席黎国家馆日活动。2020 年 5 月，中黎签署政府间关于互设文化中心的协定。根据协定，两国将在对方首都互设文化中心。近年来，中方在黎举办"欢乐春节""中国文化进校园"等活动，双方共同举办了双边文化日、文艺演出、图片展等一系列活动，增进了双方的友谊与了解。2005 年 12 月，中黎签署《中华人民共和国政府与黎巴嫩共和国政府旅游合作协定》，黎巴嫩成为中国公民组团旅游目的地国。2008 年 11 月，双方签署《关于中国旅游团队来黎巴嫩旅游实施方案的谅解备忘录》。2010 年

---

① 实施"走出去"战略 浙商在海外办 20 多个专业市场. (2007-03-22)[2023-06-20]. http://news.cctv.com/financial/20070322/100093.shtml.

② 约旦国家概况. [2023-06-02]. https://www.mfa.gov.cn/web/gjhdq_676201/gj_676203/yz_676205/1206_677268/1206x0_677270/.

5月1日，中国公民赴黎巴嫩旅游业务正式实施。①

中国与巴勒斯坦的人文交流。巴勒斯坦现设有圣城大学孔子学院。浙江省乐清市与巴勒斯坦国贝图尼亚市互为友好城市。

党的十八大以来，浙江高度重视"引进来"和"走出去"，走向世界的步伐加快，与世界形成了全新的贸易体系和互联互通走廊，促进了内外贸协同发展。与此同时，浙江省作为文化高地，在对外文化交流和传播方面也走在全国前列，浙江文化是我国优秀特色江南文化的范例，一直以来也作为我国文化外交方面的重要内容和优秀典型多次在沙姆地区国家进行展演。

2016年7月9日，浙江杭州余杭区滚灯艺术团在巴勒斯坦拉姆安拉举行义演，受到当地观众热烈欢迎。艺术团表演了民间舞蹈《高头竹马》、女声独唱《茉莉花》、独舞《国色天香》、男声组唱《中国话》、太极书法《太极神韵》等节目。②

2017年，在约旦文化部的邀请下，杭州市余杭小百花越剧艺术中心组成的余杭艺术团受文化部（现文化和旅游部）、浙江省文化厅（现浙江省文化广电和旅游厅）的委派，赴约旦进行为期一周的"中国文化周"巡回演出活动。巡演城市包括首都安曼、扎尔卡市以及世界文化遗产佩特拉古城所在的马安市。③

2018年3月8日，中国驻约旦大使馆举办"欢乐春节"暨"浙江艺术节"活动，本次活动分为"走进约旦过大年——浙江民间艺术展演"和"丝风瓷韵茶花香——浙江传统工艺创新展"两部分。精彩的表演和琳琅满目的展品引得各国游客流连忘返。④

2018年9月10日，在浙江杭州举行的"第十届'意会中国——阿拉伯知名艺术家访华采风作品展'"上，11名阿拉伯艺术家的40幅作品向观众展示了他们眼中的中国风情和浙江形象。这11名艺术家分别来自科威特、黎巴嫩、摩洛哥和沙特等国。⑤

① 中国同黎巴嫩的关系. [2023-06-02]. https://www.mfa.gov.cn/web/gjhdq_676201/gj_676203/yz_676205/1206_676668/sbgx_676672/.
② 浙江余杭滚灯艺术团赴巴勒斯坦义演. (2016-07-10)[2023-06-15]. https://news.cri.cn/20160710/994bf3e0-ed7d-8292-8d4f-8cf4c8aeeff1.html.
③ 中国越剧艺术团为约旦民众献上东方视听盛宴. (2017-10-13)[2023-06-15]. http://ent.sina.com.cn/zz/2017-10-13/doc-ifymviyp0682876.shtml.
④ 驻约旦大使潘伟芳出席"欢乐春节"暨"浙江艺术节"活动. (2018-03-10)[2023-06-15]. http://newyork.fmprc.gov.cn/zwbd_673032/whjl/201803/t20180311_7344836.shtml.
⑤ 阿拉伯11名艺术家浙江采风　40幅作品尽显中国风情. (2018-09-10)[2023-06-15]. https://www.sohu.com/a/685660859_121687424.

作为全球最大的小商品批发市场所在地，义乌每年吸引近50万名外商前来采购，更有100多个国家和地区的1.3万多名外商在此常驻。在中东国家，生意人无人不知晓"义乌"这个名字，2001年中国加入世界贸易组织（WTO）后，涌入"世界小商品之都"的中东商人越来越多。据不完全统计，疫情前常驻义乌的阿拉伯商人达到1.5万人，每年往来商人游客更是达到10万以上。义乌已经形成了十分完整的阿拉伯社区，社区街道的牌匾上到处是为了迎接和吸引阿拉伯商人而翻译的阿拉伯语注释，夜晚走入一条小巷，仿佛置身阿拉伯世界。义乌常被许多叙利亚人、约旦人、巴勒斯坦人、黎巴嫩人称为"第二故乡"。

沙姆地区人杰地灵，拥有整个中东地区最精致的美食传统，如黎巴嫩人就在全世界范围内以经营餐馆出名，叙利亚、约旦美食在整个中东地区也十分受欢迎。2014年国家主席习近平在中国—阿拉伯国家合作论坛第六届部长级会议开幕式上的致辞，让阿拉伯风味十足的义乌"花"餐厅闻名国内外。它的老板正是一位约旦商人穆罕奈德，后来经过不断发展和扩建，他将餐厅改名"贝迪"（阿拉伯语音译词，意味着"我的家"）餐厅，如今是义乌最成功的餐厅之一，这里不仅能让来往义乌、身在异乡的阿拉伯商人品尝到家乡风味，还深受本地人和游客的喜爱，是义乌人气最高的网红打卡地之一。

此外，浙江省积极落实中国与沙姆地区四国在教育、旅游方面的各项合作。浙江省目前有浙江工商大学、浙江外国语学院、浙江越秀外国语学院、金华职业技术学院四所高等院校开设阿拉伯语专业，致力于为中阿交流输送专业语言人才，2013—2023年有多批学子曾赴约旦、黎巴嫩、巴勒斯坦交流学习，与此同时，也有来自沙姆地区四个国家的大量留学生在浙江高等学府学习深造。

三、浙江省与沙姆地区四国合作成效与挑战

2013—2023年，浙江省与沙姆地区四国的合作在贸易往来、人文交流等多个领域都取得了积极的进展。双方友好合作关系不仅促进了双方经济的繁荣，也为双方友谊的不断深化做出了重要贡献。

（一）浙江省与沙姆地区四国合作成效

2013—2023年浙江省同沙姆地区四国的合作主要表现在民间经贸往来和人

文交流方面。其中活跃的民间经贸往来构成了双方合作交流的主要底色，浙江的小商品畅销沙姆地区四国，以物美价廉的生活用品极大地丰富了当地寻常百姓家的物质生活，以琳琅满目的个性化定制纪念品帮助当地人提高旅游收入，同时也满足了来自世界各地的游客和消费者的需要。浙江小商品的畅销离不开一个个叙商、约商、黎商、巴商的努力，在成就自己的财富梦想的同时，这些活跃、勤劳、智慧的民间商人也促成了中阿之间活跃的经贸往来。

在沙姆地区国家，"义乌""阿里巴巴""茶"成为众所周知的热词，浙江的民间艺术、茶文化、丝绸文化等也通过丰富多彩的巡演形式在文化外交中留下了浓墨重彩的一笔，各方学者、艺术家交流互访，互鉴经验，生动体现了"文明因多样而交流，因交流而互鉴，因互鉴而发展"的中国式现代化的文明观。

总的来看，浙江省同沙姆地区国家的合作有如下特点：

1. 贸易往来频繁

浙江省和沙姆地区四国之间的贸易往来频繁且密切。浙江省在中国的对外贸易中占有重要地位，并与沙姆地区的四国之间建立了稳定的贸易合作关系。尽管浙江省与沙姆地区的贸易总额不高，但其贸易总额占全国比例较高，是沙姆地区同中国经贸往来的重要窗口。双方通过扩大贸易、优化贸易结构以及促进投资等方式，不断推动贸易合作的深化和健康发展。

2. 人文合作成果突出

浙江省和沙姆地区四国之间的人文合作成果显著。双方在文化、教育、科技、旅游等领域积极开展合作，推动了人文交流和友好往来。通过文化艺术交流、学术交流、学生交流等方式，增进了双方民众的相互了解和友谊。这种人文合作成果不仅促进了两地间的互利合作，还为推动区域合作和共同发展奠定了良好的基础。

3. 海外影响和知名度大

浙江省在知名度和海外影响力方面较高，其"关键词"在海外传播广泛，有助于增加国家的对外吸引力和影响力。浙江省作为中国经济发展的重要引擎之一，其先进的制造业、创新企业和创业环境吸引了国内外的关注。同时，浙江省的企业家群体积极开拓国际市场，推动了浙江省在海外的影响力提升。浙江省以其经济发展模式的成功，被认为是其他地区可以借鉴和学习的典范。

综上所述，浙江省和沙姆地区四国的合作在贸易往来、人文合作成果和海外影响和知名度等方面有着较为突出的特点。这种合作不仅推动了双方经济社会发展和人民生活水平的提升，也促进了两地间的相互了解和友谊，并为区域合作和共同发展注入了新的活力。

（二）浙江省与沙姆地区四国合作面临的挑战

浙江省与沙姆地区四国合作面临的挑战主要包括以下几个方面。

1. 营商环境不够稳定

沙姆地区国家的经济还面临结构性问题，以及资源依赖性高、经济脆弱等情况，导致经济增长乏力、市场需求不稳定、汇率大幅波动等风险。巴以问题限制着巴勒斯坦的经济发展和进出口能力；而自 2019 年以来，黎巴嫩金融平衡开始崩溃，2020 年以来，黎巴嫩经历了前所未有的经济金融危机，世界银行将其列为 19 世纪中期以来世界最严重的十大危机之一。沙姆地区国家存在的营商环境方面的制约因素，可能对合作带来一定的不确定性，需要加强风险评估和安全措施。

2. 投资渠道尚不通畅、人才匮乏影响沟通

一方面，由于不同国家的政策法规和商业环境存在差异，投资渠道尚不通畅，需要彼此了解对方的政策规定，积极寻求双方利益的平衡；另一方面，由于相关语言、技术优质人才的短缺，可能存在一定的技术壁垒和人才匮乏的问题。双方可以加强教育合作，开展专业技术培训，提升双方的专业能力和人才水平。

3. 存在一定的法律障碍

浙江省与沙姆地区四国在法律法规和商业环境方面也有一定的差异，投资者对沙姆地区四国的法律体系和法律环境了解不足，可能导致面临合同执行、知识产权保护、资产安全等方面的风险。各方需要了解对方的法律规定和商业习惯，适应对方的商业环境，加强合作项目的合规性和可行性研究。

4. 存在激烈的国际竞争

沙姆地区国家的市场是周边国家竞相争夺之地，美国、欧盟、土耳其、埃及的产品是中国产品的主要对手，投资者需要面对本土企业和其他国际竞争对手的竞争压力，市场需求的波动和变化也可能带来风险。

尽管存在一定的投资压力，但浙江省和沙姆地区四国之间的合作也提供了丰富的商机和发展潜力。在浙江这片土地上还生活着一大批为寻求和平在此经

商的叙利亚人，也有热爱中国文化为了实现商业理想的约旦家族，更有求学于此的巴勒斯坦的学子，也有工作服务浙江的黎巴嫩学者。他们是商人、是学子、是医生、是学者……他们的故事不绝于耳，绘成了浙江和沙姆地区人文交流最生动的画卷。他们是未来浙江省同四国深化经济合作、加强人文沟通和民心相通的中坚力量。

总之，浙江省与沙姆地区四国合作机遇与挑战并存，政府和企业等各方也需要提供相应的支持和保障，为促进"一带一路"建设合作共赢创造良好的条件和环境。

四、浙江省与沙姆地区四国合作前景展望及对策建议

随着中国"一带一路"倡议的推进，人类命运共同体理念不断深入人心，沙姆地区四国作为阿拉伯国家联盟的重要成员和中东地区的重要国家，其与中国的合作也得到了更加广泛的关注。对于浙江省来说，与沙姆地区四国的合作不仅是经济合作的需要，也是推动"一带一路"建设的重要举措之一，更是作为开放强省的担当职责所在。

（一）精准定位，予人所需

在浙江省与沙姆地区四国合作中，应重视精准定位，予人所需。双方需要深入探讨各自的优势和需求，确定合作的方向和重点领域。目前沙姆地区国家对基础设施建设、制造业发展和能源供给方面仍有较高需求，对于浙江省来说，可以通过提供技术、设备和专业服务来满足沙姆地区四国在基础设施、制造业、能源等领域的需求。如黎巴嫩长期面临电力供给不足的问题，给当地民生带来困扰；约旦能源价格昂贵，在新能源方面可以与之进行合作。

（二）优势互补，资源共享

浙江省与沙姆地区四国合作可实现优势互补和资源共享。双方可以通过充分发挥各自的优势，实现资源的互补和共享。浙江省具有发达的制造业和现代服务业，而沙姆地区四国则拥有丰富的自然资源和市场需求。双方可以加强在制造业、能源、金融、旅游等方面的合作，实现资源的优势互补，提高合作的效益。

（三）渠道拓展，加强外推

为了促进浙江省与沙姆地区四国合作的发展，需要加强渠道拓展和外推工

作。双方可以通过举办经贸交流会议、派遣商务代表团、开展商务考察、举办进出口博览会、建立自贸区、商贸推介会等方式加强合作伙伴之间的联系和了解。同时，充分利用各种平台和渠道，宣传推介合作项目和合作机会，吸引更多的合作伙伴参与进来。

（四）用好名片，树立品牌

要促进浙江省与沙姆地区四国合作的持续发展，需要用好自身的名片，树立品牌形象。可通过浙江乌镇世界互联网大会等大型活动，将浙江的品牌和关键词传播出去，提高浙江文化产品的知名度。同时还应继续以沙姆地区国家为支点加强同阿拉伯国家的文化交流与合作，浙江省可以与各国展开广泛的文化交流与合作，包括举办文化节、组织文化交流活动、开展艺术家、学者之间的交流合作等，增加浙江与其他地区的文化互动，提升浙江的文化影响力和艺术创作水平。此外，浙江省可以通过互联网和社交媒体平台，积极宣传和推广浙江的文化名片，增加浙江的曝光度和美誉度。以浙江故事讲好中国故事，打开国际传播积极局面，为浙江省的经济发展、旅游业、文化创意产业等方面带来积极的推动作用。

总之，浙江省与沙姆地区四国合作的前景广阔，各方需要充分考虑合作方向和重点领域。通过精准定位、优势互补、渠道拓展和树立品牌形象，促进合作的深入发展，实现互利共赢的目标。同时，政府、企业和学术机构等各方需要加强合作推进，提供支持和保障，共同推动同沙姆地区国家合作共赢的顺利进行，使浙江成为"一带一路"建设中的先行省份和中坚力量。

结　语

浙江省与沙姆地区四国的合作充满着巨大的潜力和机遇。通过精准定位、优势互补、渠道拓展和树立品牌，各方可以实现资源共享、互利共赢的目标。同时，政策背景下的合作将为各方提供更广阔的发展空间，促进地区的繁荣与发展。因此，各方应加强政策沟通与合作，深化经贸合作，加强人文交流与教育合作，拓宽合作领域，为浙江省与沙姆地区四国合作的持续深化提供有力支持。各方的合作将不仅为经济发展注入新的活力，也将进一步巩固和加强中阿合作，为构建开放型世界经济做出积极贡献。相信通过共同努力，浙江省与沙姆地区四国的合作将取得更丰硕的成果，实现共同发展与繁荣的美好愿景。

国别篇

浙江省与沙特阿拉伯合作发展报告

郑　蓉

　　摘　要： 以沙特阿拉伯王国为代表的海湾阿拉伯国家已成为共建"一带一路"的重要支柱，是我国及浙江省开展经贸合作的重要伙伴。本研究报告首先阐明浙江省与沙特的合作背景，继而详细梳理双方在贸易、投资、能源及人文四大领域的合作现状，并客观分析双方在各合作领域面临的机遇和挑战。在此基础上，提出浙江省与沙特优化合作模式、推动合作转型创新、加强人文交流的对策建议。

　　关键词： 浙江省；沙特；中沙合作；"一带一路"

　　作者简介： 郑蓉，文学博士，浙江外国语学院东方语言文化学院阿拉伯语系主任、讲师。

　　沙特阿拉伯（简称沙特）是海合会成员国、欧佩克重要成员国，也是20国集团（G20）中唯一的阿拉伯成员国。以沙特为代表的海湾阿拉伯国家已成为共建"一带一路"的重要支柱，中沙关系的战略性和全局性更加凸显。自2016年中沙建立全面战略伙伴关系以来，双边关系快速发展，各领域务实合作成果丰硕。浙江省是中国对阿合作的重要省份，也是"一带一路"建设的重要窗口。自2013年以来，浙江积极参与中阿合作，与沙特建立了良好的合作关系，双方在贸易、投资、能源、人文等方面的交流与合作日益密切，并取得了一系列积极成果。未来，双方应继续努力稳固和深化中沙合作基本盘，同时拓展合作新领域，以更多务实经济成果来拉近、提升双方关系，为推动高质量共建"一带一路"、服务新发展格局贡献积极力量。

一、浙江省与沙特合作背景

（一）中沙关系发展情况

中沙两国于 1990 年建交，经过 30 多年的发展，于 2022 年 12 月 8 日签署全面战略伙伴关系协议，新时代的中沙关系不断提质、升级、换挡。20 世纪末以来，沙特主要石油出口市场由欧美转为亚洲。沙特对亚洲国家的重视与日俱增，对外经济战略呈现显著的"向东看"趋势。其中，发展与中国的全方位合作关系成为沙特"向东看"趋势的核心目标。中国的"一带一路"倡议与沙特的"向东看"政策相向而行，成为中沙关系发展的主基调。

一是经贸务实合作，双方伙伴关系不断夯实。中沙经贸合作在于"实"，随着"一带一路"倡议与沙特"2030 愿景"战略对接日益紧密，双边经贸关系取得了长足发展。首先，沙特连续多年是中国在中东地区最大的贸易伙伴和全球第一大原油供应国，中国也是沙特最重要的原油出口市场和贸易伙伴。2022 年中沙双边贸易额 1160.4 亿美元，同比增长 33.1%，其中中方出口额 379.9 亿美元、同比增长 25.7%，中方进口额 780.5 亿美元，同比增长 37%。2022 年中国从沙特进口原油 8750 万吨。[①]2023 年，中沙双边贸易额 1072.3 亿美元，其中我方出口额 428.6 亿美元，我方进口额 643.7 亿美元。2023 年，我国从沙特进口原油 8595.9 万吨。[②]其次，中沙两国企业在贸易、投资、产能、金融、基础设施建设等领域的合作不断拓展和深化，务实合作水平不断提高。2023 年 11 月，中沙两国央行签署本币互换协议，互换规模为 500 亿元人民币/260 亿沙特里亚尔。[③]中沙两国的双向投资不断创新升级，沙特逐渐成为中资企业"走出去"的理想市场之一和中资企业开拓中东市场的主要窗口。此外，双方在核能和可再生能源、航空航天、高科技、金融等新兴领域的合作也不断拓展，日益形成全方位、多领域的互惠合作格局。

二是人文交流促民心相通，千年友谊亘古绵延。得益于中阿合作论坛框架下的日益丰富的中阿人文交流机制，中沙人文交流稳步推进，在教育、文化、

---

① 中华人民共和国外交部. 中国同沙特阿拉伯的关系. (2023-04)[2023-04-01]. https://www.mfa.gov.cn/gjhdq_676201/gj_676203/yz_676205/1206_676860/sbgx_676864/.

② 中华人民共和国外交部. 中国同沙特阿拉伯的关系. (2024-07)[2024-10-07]. https://www.mfa.gov.cn/gjhdq_676201/gj_676203/yz_676205/1206_676860/sbgx_676864/.

③ 中华人民共和国外交部. 中国同沙特阿拉伯的关系. (2024-07)[2024-10-07]. https://www.mfa.gov.cn/gjhdq_676201/gj_676203/yz_676205/1206_676860/sbgx_676864/.

艺术以及地方合作等方面开展了积极合作，如开展汉语教育、举办沙特中国文化周、中沙书法交流文化展、联合考古等活动。2013 年，中国在沙特举办"杰纳第利亚文化遗产节"中国主宾国活动，这是两国建交以来中国在沙特举办的最大规模文化交流活动。2016 年 12 月至 2017 年 3 月，"阿拉伯之路——沙特出土文物展"在中国国家博物馆展出，该展览展出了 400 多件（组）文物珍品，这是近年来沙特在东亚地区举办的规模最大的文物展。2018 年 9—11 月，我国在沙特举办"华夏瑰宝展"，这是此类展览首次在中东国家举办。2019 年 1 月，我国音乐家和广州交响乐团参加沙特"坦托拉之冬"艺术节，合作举办专场音乐会，并通过网络媒体向中东地区直播，这是中国的交响乐团首次到访沙特。值得一提的是，近年来汉语教育在沙特快速发展，成为两国人文交流新的增长点。2019 年，沙特宣布将中文纳入沙特教育体系。由此，沙特掀起一波"中文热"，越来越多的学校和社会机构开始教授中文。截至 2022 年，沙特已有 4 所大学开设中文专业，8 所中小学开设中文选修课。①

（二）浙江省与沙特关系发展与合作定位

浙江省是中国东部沿海的重要省份，拥有发达的制造业和现代服务业，是中国经济的重要引擎之一。浙江省在电子信息、机械制造、新材料、文化创意等领域具有显著优势。而沙特阿拉伯作为中东地区的重要国家，拥有世界上最大的石油储备之一，是全球石油产业的重要参与者。近年来，沙特阿拉伯开始推动经济多元化和现代化转型，积极寻求与全球各国的合作机会，以推进国家发展战略。浙江和沙特经济互补性强，且有共同的发展愿景，双方合作前景广阔。

第一，浙江省和沙特在发展规划上高度契合，且双方有强烈的合作意愿。2016 年沙特政府提出的"2030 愿景"与中国的"一带一路"倡议在许多方面不谋而合。浙江作为"一带一路"建设的重要窗口，积极响应国家政策，从政府到企业都有与沙特合作的强烈意愿。对于浙江与沙特合作，沙特方面曾表示，浙江是中国最具发展活力的省份之一，沙特非常期待与浙江加强能源、海港、贸易、电商、教育等各领域交流合作，成为共建"一带一路"的好伙伴。②

---

① 中国电力建设集团有限公司. 共同描绘中沙友好的时代画卷. 人民日报，2022-12-08（05）.
② 浙江日报. 袁家军率团访问沙特　高水平共建"一带一路"重点领域. (2019-09-07)[2023-07-20]. https://www.zj.gov.cn/art/2019/9/7/art_1554467_37895929.html.

第二，浙江省和沙特经济互补性、联动性强，具有良好的合作基础。浙江省的制造业和科技创新能力与沙特的资源禀赋和市场需求具有互补性，为双方合作提供了广阔空间。这种合作不仅有助于浙江企业拓展海外市场，拓宽发展空间，也有助于沙特实现经济多元化战略，推进国家现代化进程。同时，双方合作也有助于促进中沙两国人民之间的友好交往，增进相互了解与尊重，为两国关系的深入发展注入新的动力。

第三，浙江省和沙特可以能源合作为基础，不断稳固合作根基，拓宽合作领域。一方面，沙特阿美与浙江石化龙头企业荣盛已建立稳固合作关系，未来浙江和沙特在石化领域的合作是两地经贸关系发展的核心领域之一。另一方面，沙特大力投资和发展可再生能源，而浙江省在光伏产业等新能源领域拥有国内领军企业，具有先进的技术、优质的产品和优质的服务等优势，可助力沙特本土化制造并提供技术援助。浙商企业应抓住中沙新能源领域合作的机遇，扩大在中东地区的合作版图，积极拓展国际市场。

第四，浙江省和沙特可以加强科技、制造业和金融等新兴领域合作，激发合作新动能。沙特正大力发展数字经济、云计算、人工智能、航空航天等先进科技，浙江在这些领域拥有明显优势。以阿里云项目为开端，浙江企业可以在沙特高新技术市场获得很多商机。沙特欢迎中国企业赴沙投资的领域还有新能源汽车制造、供应链、交通物流、渔业、海水淡化和水务等，浙江企业在这些领域拥有技术优势、施工能力和运营经验，在开拓新市场的同时，也能助力沙特的经济多元化改革。

第五，浙江省可以借助沙特的区位优势及其在阿拉伯世界乃至中东地区的强大影响力，进一步加强与中东各国的合作关系。首先，沙特区位优势明显，不仅位于亚非欧物流的重要枢纽，也处于"一带一路"在西亚的重要交界地带。沙特位于中国—中亚—西亚的经济走廊上，是"六路多国多港"互联互通架构的重要组成部分。①沙特不仅可以成为浙江同欧亚腹地开展互联互通的重要环节，又可以成为连接非洲广阔市场的重要枢纽。其次，沙特是中东地区的最大经济体之一，也是国际能源领域具有主导地位的大国，在中东地区具有重要影响力。随着海合会经济一体化进程的加深，作为其最大的成员，沙特对海合会其他成员国各方面的辐射能力将进一步增强。浙江省发展与沙特的合作关

---

① 万喆. 打造共建"一带一路"高质量发展典范. (2022-12-08)[2024-10-07]. http://tradeinservices.mofcom.gov.cn/article/ydyl/yaowen/gnyw/202212/143352.html.

系，将有助于加强与海合会成员国的合作，并辐射整个中东市场。

二、浙江省与沙特合作现状

浙江省是中国经济最活跃、最具竞争力的地区之一，沙特阿拉伯作为中东地区最大的国家之一，具有丰富的石油资源和潜在的市场需求。在过去的 10 年里，浙江省与沙特在贸易、投资、能源等领域的合作持续深化，人文交流也日渐丰富。

（一）浙江省与沙特贸易合作现状

中沙两国贸易具有明显互补性，随着中国"一带一路"倡议与沙特"2030 愿景"共同推进，中沙两地商贸往来日益频繁，双边贸易持续大幅增长，沙特已成为我国在中东地区首个千亿美元级贸易伙伴。浙企作为其中的重要力量，着力布局日益开放包容的沙特市场，与沙特商贸联动合作，深入提升全球化参与水平。

从贸易规模来看，沙特已成为浙江省对外贸易新的增长点，同时在中沙的出口贸易关系中也发挥着重要作用。据中国海关统计，2022 年，浙沙双边贸易额达 197.7 亿美元，同比增长 43.4%，占中沙双边贸易总额的 17%。[①] 从 2018—2022 年的数据来看（见图 1），浙江省与沙特的贸易总额自 2018—2022 年持续上升，总体较为平稳，且 2022 年开始增速提升；其中，中方对进口额和出口额均呈上升态势，且从沙特进口自 2021 年起涨幅较大。另外，从数据中可以看出，双方进出口差额较大，中方贸易逆差明显。从贸易结构来看，贸易主要集中在石化和制成品领域。沙特石油的出口和浙江省的制成品出口在双边贸易中占据重要地位。沙特向浙江省出口大量的石油和石化产品，而浙江省则向沙特出口机械设备、电子产品、纺织品、轻工制品等制成品。第五届中国国际进口博览会期间，浙江石油化工有限公司与沙特阿拉伯国家石油公司签署原油采购合同，首单 108 万吨，价值约 53 亿元。[②]

---

① 中华人民共和国海关总署海关统计数据在线查询平台. [2023-02-21]. http://stats.customs.gov.cn/.
② 界面新闻. 浙石化与沙特阿拉伯国家石油公司签署 53 亿元原油采购合同. (2022-11-07)[2023-07-19]. https://www.jiemian.com/article/8339348.html.

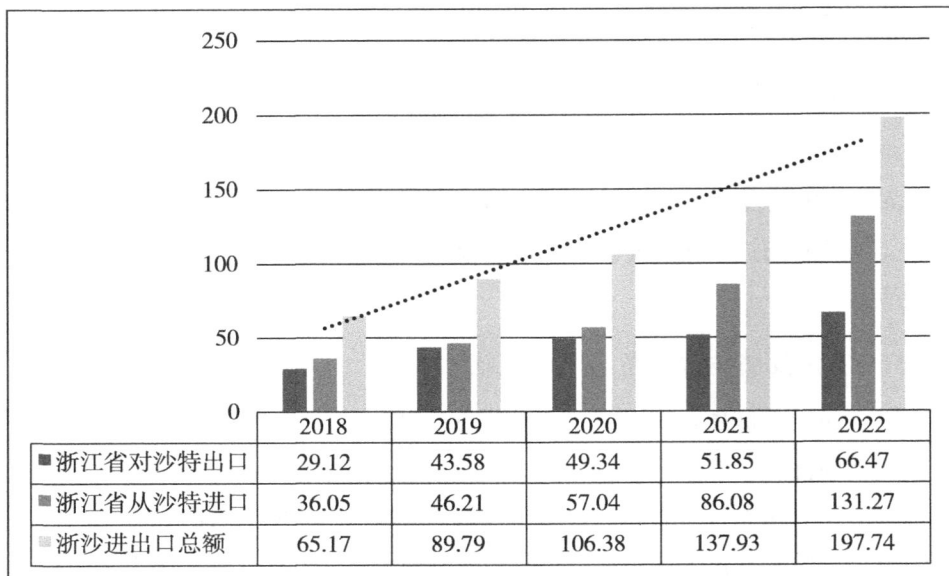

	2018	2019	2020	2021	2022
■浙江省对沙特出口	29.12	43.58	49.34	51.85	66.47
■浙江省从沙特进口	36.05	46.21	57.04	86.08	131.27
▩浙沙进出口总额	65.17	89.79	106.38	137.93	197.74

图 1　2018—2022 年浙江省对沙特进出口贸易情况（单位：亿美元）

数据来源：笔者于中华人民共和国海关总署海关统计数据在线查询平台整理计算。

　　浙江省人民政府始终坚持在"一带一路"的统领下，全力全面推进建设开放强省。浙江省商务厅积极响应，发挥展会拓市场的主平台作用，积极助推外贸发展和对外开放格局，通过境外自办展助力浙企布局全球市场。[①]沙特已成为我省对外贸易新的增长点，浙江出口商品（沙特）交易会等九大系列自办展将是助力浙企拓市场引领浙江外贸新跨越的"金平台"。浙江出口商品（沙特）交易会作为中国单一省份在沙特举办的规模最大的交易会，一直备受沙特专业采购商的关注，该展会逐渐成为浙江企业拓展沙特市场直接而有效的经贸平台，引领"品质浙货"领航对接中沙发展战略新时代，浙江省品牌建材企业参与沙特政府主导的"2030 愿景"中城市现代化和电力、通信等领域的基础建设，参与分享沙特改革与转型中的贸易商机与发展红利。

（二）浙江省与沙特投资合作现状

　　随着沙特"2030 愿景"的提出，沙特国内市场的开放度持续提高，投资环境不断优化，越来越多中国企业赴沙投资。当前，有 150 余家中资企业在沙特

---

① 浙江省商务厅. 境外自办展助力浙企布局全球市场. (2018-06-15)[2024-10-07]. http://zcom.zj.gov.cn/art/2018/6/15/art_1384591_18652889.html.

开展经贸合作，主营业务涵盖工程承包、贸易航运、通信服务、工业投资和园区建设，并开始向金融、清洁能源、物流、电子商务等领域延伸。①据商务部统计，截至 2022 年底，中国企业对沙特直接投资存量 30.1 亿美元②，主要分布在石化行业和金融服务业。浙江企业也积极出海，参与沙特的投资建设，从最初的工程承包发展到信息通信、贸易物流、制造业、跨境电商等领域。

目前，入驻沙特的中企主要是工程承建单位，这些企业不仅工程经验丰富，在沙特市场活跃度也较高。沙特是中国在阿拉伯国家主要的承包工程市场之一，据商务部网站公布的数据，2022 年中国企业在沙特阿拉伯新签承包工程合同 317 份，新签合同额 97 亿美元，完成营业额 66 亿美元③，居阿拉伯国家首位。作为"走出去"的排头兵，浙江对外承包工程企业主动把握"一带一路"建设机遇，以高标准、可持续、惠民生为目标，积极参与沙特等相关市场的基建事业，并不断探索新业务模式，走向行业转型升级。2012—2022 年，浙江省对外承包工程完成营业额从 37.1 亿美元跃升到 79.3 亿美元。业务规模在全国占比达 7.9%，居全国各省（区、市）第 4 位，在全国排名前五省份中增速最快。④浙江省邮电工程沙特 ITC NBB 国家宽带项目是浙江对外承包工程新业务模式的代表项目，荣获 2021 年浙江国际工程丝路明珠项目。该项目是由沙特通信部主导，针对沙特"2030 愿景"信息化建设目标，引领沙特三大运营商进行部署的沙特最大规模国家通信宽带建设项目。项目为 EPC 总包模式，涵盖勘测、设计、路权获取、材料采购、现场实施等工作，由中国工商银行提供资金支持。该项目是中资企业在沙特落地的第一个买方信贷项目，也是中资金融机构和中国央企联合拓展合作共赢的典型项目，为央企"走出去"提供典型成功案例。⑤

在数字领域，浙江企业也积极参与对沙投资。2020 年，阿里云与沙特国有企业沙特电信公司（STC）和风险投资基金 eWTP 阿拉伯资本宣布建立合作伙

① 中华人民共和国商务部国际贸易经济合作研究院.对外投资合作国别（地区）指南：沙特阿拉伯（2023 年版）.[2023-04-12]. https://fdi.mofcom.gov.cn/resource/pdf/2022/04/07/d0ca1f169cf94b7b94995f6d31cc0bc0pdf.

② 中华人民共和国商务部.中国—沙特经贸合作简况（2022 年）.(2023-11-10)[2024-10-07]. http://xyf.mofcom.gov.cn/tjsj/sbhzjk/art/2023/art_51eb0753eedd43a3bbfd33573a7026ed.html.

③ 中华人民共和国商务部国际贸易经济合作研究院.对外投资合作国别（地区）指南：沙特阿拉伯（2023 年版）. [2023-04-12]. https://fdi.mofcom.gov.cn/resource/pdf/2022/04/07/d0ca1f169cf94b7b94995f6d31cc0bc0pdf.

④ 成就斐然！这些国际工程背后都有浙江企业的身影.（2022-08-02）[2023-08-16] https://www.sohu.com/a/573726728_121123888.

⑤ 浙江国际工程.2021 年浙江国际工程丝路明珠项目大赏之一.（2021-08-03）[2023-08-16] https://www.sohu.com/a/481156333_120141145.

伴关系，为沙特提供高性能的公共云服务。2022 年 5 月，沙特电信集团与阿里云在沙特成立云计算公司，注册资本约 8.9 亿里亚尔（约合 2.38 亿美元）。新公司的成立旨在应对该地区对云计算服务和解决方案需求的显著增长，将为沙本土运营公司提供先进的云计算服务，确保各公司享受最高标准的安全保护。新公司还将受益于STC在当地服务和技术的优势地位，推动优秀人才和专业知识本地化，促进沙数字化发展，建立一个可满足未来发展需求的先进生态系统。①

（三）浙江省与沙特能源合作情况

沙特长期以来是我国最大原油供应国，稳居中国原油进口来源国榜首②，2022 年，我国就从沙特进口原油 8749 万吨。能源合作一直处于中阿经贸合作的核心位置，双方具有良好的能源合作基础以及互补的能源战略。"一带一路"倡议提出以来，中沙能源合作互动更加频繁，中沙能源合作从贸易为主逐步转向全产业链的合作模式。浙江省拥有石化产业的龙头企业，且在可再生能源领域具有丰富的经验和技术，近年来浙江省和沙特在石油、液化天然气、可再生能源和能源基础设施建设等领域开展了广泛合作，为双方经贸合作搭建了坚实的能源桥梁。

中沙在油气项目的合作不断升级，从原油贸易扩展到下游炼化领域。延布炼厂作为中沙能源合作的旗舰项目之一，由沙特阿美与中国石化（占股 37.5%）共建，总投资超 80 亿美元，于 2016 年 1 月正式投产启动，年产能达 2000 万吨，为当地民众创造了超过 1000 个就业岗位。得益于贸易拓展与投资带动，中国的油田技术服务企业和基建企业在沙特已站稳脚跟，并逐步深入高端市场。沙特阿美是全球最大的石油公司，生产了全球约八分之一的原油。2022 年，沙特阿美营业收入为 3051 亿美元、净利润 1611 亿美元，净资产 4443 亿美元。③随着中沙战略伙伴关系建立，沙特阿美锚定中国市场，在中国炼化领域斥重金投资，合作方遍及福建、辽宁、浙江、广东、北京等多个省（市、区）。

① 中华人民共和国商务部驻吉达总领事馆经济商务处. 沙特电信集团与阿里云在沙成立云计算公司.（2022-06-02）[2023-07-19]. http://jedda.mofcom.gov.cn/article/zxhz/202206/20220603315984.shtml.

② 新浪财经. 2022 年沙特稳居中国原油进口来源国榜首. (2023-01-22)[2023-07-20]. https://finance.sina.com.cn/money/future/nyzx/2023-01-22/doc-imyazmev1966573.shtml.

③ 陈晓. 一次性付 246 亿入股荣盛！中东土豪频频联手浙企意欲何为？（2023-03-29）[2023-07-20]. https://baijiahao.baidu.com/s?id=1761612517731764684&wfr=spider&for=pc&searchword=%E6%B5%99%E6%B1%9F%20%E6%B2%99%E7%89%B9%20%E6%8A%95%E8%B5%84.

浙江省的石化产业位居全国领先地位，有荣盛、恒逸等世界 500 强企业，2021 年，浙江省规上石化行业实现工业总产值 13634 亿元。[①] 历来把中东定为重要外贸市场来开拓的浙江，与沙特阿美的合作要追溯到 2018 年。当年，在第二届世界油商大会上，沙特阿美与浙江省政府签订合作备忘录，双方将围绕油品全产业链开展全面合作，并表示将签约入股浙江石化。2019 年，沙特阿美再与浙江自贸区签署谅解备忘录，该备忘录还包括一份原油供应的长期协议，内容包括允许各方评估储存、天然气贸易、零售等其他领域的潜在投资机会。浙江与沙特阿美的多年合作培养了默契和信任度，也促成更多合作项目。例如，荣盛石化与沙特阿美的合作由来已久，每年都要向沙特阿美进口大量的原油等原材料，其交易占荣盛石化同类业务的 20% 左右。荣盛石化是中国四大民营石化企业之一，主营各类油品、化工品、聚酯产品，拥有浙江石化 4000 万吨 / 年炼化项目。2023 年 3 月 27 日，双方签署了一揽子战略合作协议，沙特阿美通过其全资子公司阿美海外公司（AOC），以 246 亿元收购荣盛石化 10% 的股权，交易每股作价 24.3 元 / 股。相较于荣盛石化当天的收盘价 12.9 元 / 股，这一交易溢价率达 88.2%。双方还签署了包括原油采购、原料供应、精炼和化工产品在内的一系列商业合作协议，有效期为 20 年。[②] 沙特阿美和荣盛，本身就有着稳定的供给和需求关系，前者在加速化工品领域的全球布局，后者需要稳定的原油，构成非常匹配的上下游关系。[③]2023 年 3 月 2 日，吉利汽车与沙特阿美"牵手"成立新的合资公司，不但让沙特阿美成为第一家投资汽车业务的主要石油生产商，还使吉利借此资源开发出更高效的汽油发动机和混合动力系统。[④]

在清洁能源领域，中国能建、中国电建、浙能集团等公司助力沙特清洁能源开发，有效优化沙特能源结构，保护当地生态环境。浙江邮电沙特分公司承建了中国能建沙特阿尔舒巴赫 2.6 吉瓦光伏电站项目，这是目前全球最大的在建光伏项目，于 2023 年 6 月正式启动，是沙特"2030 愿景"新能源计划的

① 中国日报网. 2022（第十三届）中国国际石油化工大会全体大会在宁波召开. (2022-11-19)[2023-07-20]. https://zj.chinadaily.com.cn/a/202211/19/WS6378bdaaa3109bd995a50ebd.html.
② 界面新闻. 沙特阿美 246 亿入股荣盛石化交易落地. (2023-07-22)[2024-10-07]. https://www.jiemian.com/article/9790285.html.
③ 张留. 总理话音刚落，沙特巨额投资浙江荣盛 全球资本为何"转场"中国实体经济. (2023-03-30)[2023-07-20]. https://baijiahao.baidu.com/s?id=1761673421787586217&wfr=spider&for=pc&searchword=%E6%B5%99%E6%B1%9F%20%E6%B2%99%E7%89%B9%20%E6%8A%95%E8%B5%84.
④ 环球. 吉利牵手雷诺打造动力总成技术公司. (2023-07-19)[2024-10-07]. http://www.news.cn/globe/2023-07/19/c_1310733169.htm.

重要组成部分。该项目预计年发电量可达到 2.6 亿吉瓦，每年减少碳排放量约 312 万吨，并将为当地提供 3000 个就业岗位，加快推进沙特能源结构转型和低碳事业发展。在沙特阿拉伯首都利雅得举办的中阿合作论坛第十届企业家大会上，作为浙江两家代表企业之一，利欧集团与沙特投资部就在沙特投资泵、热泵、储能、光伏等领域的合作机会进行深度探讨，并签署了战略合作备忘录。①

（四）浙江省与沙特人文交流现状

中国与沙特的人文交流在巩固传统领域合作的同时，也在不断探索新的合作领域和增长点。青年交流的兴起、"汉语热"的升温、联合考古的探索以及数字化转型，正成为双方人文交流的新趋势。②在此背景下，浙江省也积极开展与沙特阿拉伯之间的文化、教育和旅游合作，双方举办文化活动、展览、学术交流等，促进两地人民之间的相互了解和友谊。

第一，双方加强在中文教育领域的合作。2019 年 9 月，浙江教育代表团赴沙特访问。教育代表团作为浙江省访问沙特的工作组之一，重点与沙特教育部和有关教育机构商谈教育合作事宜。这是 2019 年初沙特宣布将汉语纳入所有教育阶段课程后第一个主动对接的中国地方政府教育代表团。③双方商定，将在两国教育部 2017 年签订合作谅解备忘录的基础上开展务实合作，适时签订合作协议。在沙特期间，代表团还访问了沙特国王大学、诺拉公主大学，与两校领导、学院负责人进行了会谈，达成了一系列合作意向。未来，浙江省将向沙特选派汉语教师，同时鼓励浙江与沙特高校开展双向留学、合作研究等项目。

第二，浙江省和沙特高校间也开展了交流合作。2022 年 10 月，第五届阿卜杜拉国王科技大学海外高层次人才项目对接活动在杭州举行。阿卜杜拉国王科技大学校友高层次人才项目对接活动已成功举办五届，促成了浙江省高校和该校的多个国际合作项目，促进了浙江和沙特的科技交流与合作。④2023 年 5 月，浙江大学代表团访问阿联酋、沙特，与当地高校、政府部门、科研机构和

---

① 中共台州市委宣传部官方澎湃号. 台州企业和沙特，签署战略合作. (2023-07-02)[2023-08-16]. https://m.thepaper.cn/newsDetail_forward_23705064.

② 包澄章. 浙江和沙特人文交流合作研究//曹笑笑. 中沙合作与浙江机遇. 北京：社会科学文献出版社，2021：143.

③ 浙江省教育厅. 陈根芳率浙江教育代表团访问沙特阿拉伯、土耳其. (2019-09-12)[2023-07-20]. http://jyt.zj.gov.cn/art/2019/9/12/art_1543973_38078521.html.

④ 科普杭州. 加强国际交流 开展项目对接——KAUST校友项目对接活动在杭举办. (2022-10-19)[2024-10-07]. https://mp.weixin.qq.com/s?__biz=MzA3NTY2NjIyOQ==&mid=2650504068&idx=4&sn=d6651a42fc052d6c2dc001d1ec902829&chksm=8762dddeb01554c81e46310aa1f126256518b7879815a068c266eb256c1ae68202ef393ae44b&scene=27.

企业就开展人文交流、推动高等教育合作等内容进行深入交流。浙江大学和阿卜杜拉国王科技大学在能源、化工、环境科学等领域已有不错的合作基础，未来有望加强科学研究、高水平人才联合培养等方面合作。①

第三，浙江省和沙特开展了丰富的文化交流活动，并积极探索旅游合作机会。2021年9月2日，"首届丝绸之路国际图书馆联盟大会"在浙江杭州以视频会议形式举行。会议由文化和旅游部国际交流与合作局支持，中国国家图书馆与浙江省文化和旅游厅（现浙江省文化广电和旅游厅）共同主办，浙江图书馆承办。大会同期举行了第三届丝绸之路国际图书馆联盟论坛，沙特作为国际图书馆联盟成员单位代表参加了会议，并围绕"构建'一带一路'图书馆命运共同体的新未来"会议主题展开了交流。会议讨论并通过了《丝绸之路国际图书馆联盟管理办法》，发布了联盟即将启动实施的"丝绸之路数字图书馆""丝绸之路国际图书馆联盟馆员系列培训班"等两项计划长期开展的重点项目，在联盟框架下，深化资源共建共享理念，开展专题文献保护和数字化合作，加强图书馆管理、人才培养方面交流等。②

作为曾经世界上最难访问的国家之一，沙特阿拉伯于2019年9月27日起才开始对外开放旅游访问签证。自2022年12月起，沙特被列入中国公民出境游目的地名单，而中国则是沙特开放电子签证的48个国家之一。浙江省牢牢把握这一新机遇，积极探索与沙特在旅游方面的合作机会。2021年12月8日下午，沙特阿拉伯国家旅游局驻中国总代表访问浙江省中旅集团，针对出入境旅游开放后的合作方向进行探讨。③2022年1月，沙特阿拉伯旅游局在杭州举办文旅推介会，活动以"2022开启超乎想象的梦幻旅程"为主题，推介了沙特阿拉伯丰富的旅游资源，包括独特的自然风光、丰富的阿拉伯文化遗产以及多样文化和旅游体验活动。④2023年3月13—17日，沙特旅游局携当地目的地管理公司、酒店和航空公司在内的13家合作伙伴首次来到中国举办推介会，并发布了一系列加速旅游业发展的重要消息，杭州海外旅游有限公司作为沙特旅

① 浙江大学.副校长何莲珍率团访问阿联酋、沙特，开拓中东地区国际合作.(2023-06-07)[2024-10-07].https://www.zju.edu.cn/2023/0607/c33483a2770201/page.htm.

② 光明网.首届丝绸之路国际图书馆联盟大会在浙江杭州举行.(2021-09-08)[2024-10-07].https://m.gmw.cn/baijia/2021/09/08/35148200.html.

③ 浙江省中旅集团.沙特阿拉伯国家旅游局驻中国总代表来访省中旅集团.（2021-12-08）[2023-08-03].https://mp.weixin.qq.com/s/VY9RMO6rVHJ0FCKhDr27Zw.

④ 王艺.沙特阿拉伯旅游局在杭州举办文旅推介会.(2022-01-20)[2023-08-03].http://www.ctnews.com.cn/zt/content/2022-01/20/content_118365.html.

游局重要合作伙伴，应邀参加此次活动。①

三、浙江省与沙特合作的机遇与挑战

（一）浙江省和沙特合作的机遇

随着中沙战略伙伴关系的不断深化，以及沙特"2030 愿景"与中国"一带一路"倡议的不断深入对接，中沙两国经贸合作迎来转型升级的重要机遇期。作为"一带一路"建设的重要窗口，浙江省和沙特在经济、政策和文化层面都具备合作的条件，这种合作有助于双方实现经济增长、技术创新和可持续发展，未来合作前景非常广阔。

1. 浙江省和沙特贸易合作的机遇

首先，沙特消费市场发展潜力巨大，并且具有良好的营商环境。沙特阿拉伯的消费能力惊人，是中东地区最大的终端消费市场。据悉，中东进口商品有60% 在沙特进行终端消费。由于当地的工业薄弱，95% 的产品依赖进口。沙特消费市场具有以下特点。一是人口红利大。根据沙特统计总局公布的 2022 年人口普查结果，沙特人口总数 3220 万，人口普查还显示沙特人口年轻化，年龄中位数为 29 岁，30 岁以下人口占总人口的 63%。②沙特拥有庞大的年轻人口，其中许多人正处于购买力增长的阶段。这一庞大的年轻群体将成为潜在的消费者。二是人均收入高。沙特的人均年收入通常在 3—4 万美元，这给高端消费品和进口商品市场提供了巨大的机会。三是持续性的多元化需求。沙特的工业生产发展落后，多数家居用品，如家具、窗帘、灯饰、地毯、油画、瓷器、玩具、文体用品、女性饰品、鞋帽、电器、电子产品、厨具、装饰材料等都依赖进口。消费需求容量大，持续性强。

第二，浙江省和沙特都重视外贸，不断优化双边贸易环境。一方面，自2016 年提出"2030 愿景"以来，沙特加大社会经济改革力度，新政策不断落地，社会日益开放，经济多元化计划也在稳步实施。2020 年，政府完善了商事法律体系，出台了一系列优惠政策，对外资吸引力持续提升。根据世界经济论坛的《2020 年全球竞争力报告》，沙特在全球最具竞争力的 63 个国家和地区

---

① 周慧. 沙特旅游局首次到中国推介旅游：中国有望成为该国三大客源市场之一. (2023-03-17)[2024-10-07]. https://travel.sohu.com/a/655676304_121255906.

② 驻沙特阿拉伯王国大使馆经济商务处. 人口普查结果显示沙特人口逾 3200 万. (2023-06-07)[2024-10-07]. http://sa.mofcom.gov.cn/article/sqfb/202306/20230603414905.shtml.

中排名第 24 位，是海合会和中东地区唯一排名上升的国家；在 G20 经济体中排名第 8 位。此外，世界银行的《2020 年营商环境报告》显示，沙特的营商便利程度在全球 190 个经济体中的排名从上年的第 92 位跃升至第 62 位。[①]这一系列变化表明沙特正在积极改善营商环境，为外国投资者提供更多机会。另一方面，人民币跨境支付的运用对促进中阿贸易往来发挥了重要作用。2016 年 9 月 26 日，中国开通人民币对沙特货币里亚尔的直接交易，为两国货币流通打下了坚实基础。作为中国典型外向型经济大省，浙江省在跨境贸易人民币结算上有很多探索。浙江省跨境贸易结算种类从开始时单纯的货物进出口贸易到如今货物、服务、收益和投融资多头并进的发展格局，目前已建立起"海陆空"跨境金融服务体系。2022 年 12 月，在首届中国—阿拉伯国家峰会召开前夕，"世界超市"义乌和沙特完成了首单跨境人民币支付业务。[②]"世界工厂"的"门店"，直通全球能源的"开关"。

第三，数字贸易新业态为双边经贸合作注入新动能。新冠疫情加速了阿拉伯地区线上购物的增长，使阿拉伯电商进入了快速发展阶段，也为中阿电商合作提供了机会。浙江省在中国跨境电商发展中发挥着重要作用，而沙特则是全球第 27 大电子商务市场，预计 2023 年电子商务收入将达到 119.8 亿美元，收入的复合年增长率（CAGR 2023—2027）为 13.9%，到 2027 年市场规模将达到 201.6 亿美元。[③]与中国、美国、英国等国相比，沙特电子商务市场规模较小，但市场潜力大，未来将带来巨大的经济和社会效益。浙江省是制造大省，在消费产品、机电产品、数字产品具有绝对实力，而且，在跨境电商、电子支付、三通一达方面，浙江又是第一方阵的外贸强省，且是第一大港。浙江自办展也逐渐在沙特形成"品质浙货，行销天下"的品牌影响力。浙江省在电子商务领域提供的合作将有助于满足沙特市场的需求，同时也为中国产品在中东市场的推广提供机会。未来，浙江和沙特在数字贸易新业态的刺激下，有望带动双边贸易大幅增长。

---

① 中华人民共和国商务部国际贸易经济合作研究院. 对外投资合作国别（地区）指南：沙特阿拉伯（2021 年版）. [2023-4-12]. https://fdi.mofcom.gov.cn/resource/pdf/2022/04/07/d0ca1f169cf94b7b94995f6d31cc0bc0pdf.

② 浙里杭州. 中阿峰会打开的蓝海有多大？浙商要用双脚去量一量. (2022-12-23)[2023-08-20]. https://mp.weixin.qq.com/s/Tx57UiQeZlUuSCZyL4k1gA.

③ 雨果跨境. 沙特阿拉伯电子商务行业出现显著增长，2023 年第一季度的年增长率超过 32%. (2023-05-12)[2024-10-07]. https://www.cifnews.com/article/144497.

2. 浙江省和沙特投资合作的机遇

首先，浙江省可以进一步吸引沙特大型企业对浙投资。近年来，沙特正加大对中国投资步伐，尤其是沙特公共投资基金（PIF）开始关注中国市场。PIF是全球最大的公共投资基金之一，截至 2021 年共管理 19800 亿沙特里亚尔资产，实现 25% 的年化回报。基金也是落实沙特"2030 愿景"的重要部分，投资重点板块为通信科技（25.6%）、房地产（23.5%）和金融服务（23.0%），其次为新能源（12.4%）和金属矿业（7.5%）。据报道，基金已经申请了境外投资者在中国投资的 QFII 牌照，不需借助第三方，可以直接以人民币进行投资。2022 年以来中沙贸易合作深化，12 月双方签订 34 项价值近 500 亿美元的投资协议，涉及绿色氢能、太阳能光伏能源、信息技术、云服务、交通运输、物流、医疗行业、住房和建筑工厂等领域。[①] 从 PIF 对华投资情况来看，游戏电竞和休闲消费行业是近期投资热点，能源、基础设施建设和制造产业合作潜力较大，科技企业有望成为新的投资蓝海。浙江可以利用自己在这些领域的优势，吸引沙特投资。

其次，浙江省可以在沙特发展的重点领域加大投资。在经济发展以及政策推动下，沙特的基础设施建筑市场需求巨大。未来 10 年，沙特计划投资 1403 亿美元用于电力项目，满足民用及工业需求。这大规模投资将刺激工业电力设备和建筑材料需求，预计沙特涂料需求量接近 90 万吨，成为中东最大的涂料市场。数字经济和智慧城市建设也是沙特力推的重点领域。在数字经济领域，沙特通信部制定了 10 项战略目标和 15 项目标指标，旨在 2030 年实现人口密集城市高速宽带网络覆盖率超过 90%。数据显示，2022 年浙江省数字经济核心产业增加值占 GDP 比重达 11.6%。在浙江，数字经济不仅是经济社会高质量发展的"金名片"，更是实现这一发展的重要引擎。[②] 沙特"新未来城"（NEOM）和"镜线城"（The Line）等"2030 愿景"旗舰项目破土动工，制造、物流、旅游、数字经济等相关国家级规划不断出台，使得中沙两国双向投资前景更加值得期待。

---

① 东方证券研究所战略研究团队. 沙特公共投资基金（PIF）加速中国布局将利好哪些产业？（2023-03-03）[2023-08-20]. https://mp.weixin.qq.com/s/5Q1jlt59YA0PtCkQDh2OOw.

② 新华网. 浙江加快推进数字经济创新提质"一号发展工程". [2023-08-20]. http://www.zj.xinhuanet.com/20230710/636fcaecb0cd4fb6bc8a833aac93482a/c.html.

3. 浙江省和沙特能源合作的机遇

首先，深化与沙特阿美的合作将增加双方在全球石油化工领域的竞争优势。2023 年 7 月，沙特阿美通过其全资子公司阿美海外公司以 246 亿元人民币（按当前汇率约折合为 34 亿美元）收购了浙江荣盛石化 10% 的股权，此次交易的完成对双方来说都具有里程碑式意义。此次交易落地标志着中沙两国在石油和石化产业领域的合作迈出了坚实的一步，对于促进未来石油和石化产业领域的全面合作也会产生积极意义。中沙能源方面的合作不断加速，在本质上体现的是沙特以投资锁定原油出口渠道、获取更大的终端市场的长期战略意图。而对于浙江省而言，与沙特在石化领域的合作，一是能够保证稳定采购沙特原油，保障能源供给，有利于我国的能源安全；二是沙特新建炼厂将原油转化成化工品，提高产品附加值，中国向其输出炼化设备和工程建设能力，三是双方在炼厂股权上深度绑定，中国以市场换技术，让沙特参与国内的炼化项目中，换取关键化工品的早日国产化。

其次，清洁能源合作将成为中（浙）沙新能源合作的新增长点。当前，全球清洁能源转型的趋势促使沙特加快能源转型步伐。沙特正在大力推进能源转型，包括在传统能源领域的各环节减碳努力，以及发展光伏、氢能等清洁能源。中国在清洁能源方面走在全球前列，浙江是国内清洁能源领域的翘楚。2022 年 12 月 8 日，中沙两国就氢能等领域合作签署政府间协议和谅解备忘录。中沙两国在应对气候变化、能源绿色转型方面有着共同的愿景，可实现氢能产业链多要素优势互补，共同打造世界氢能产业高地。浙江可以积极参与沙特能源转型计划，与沙特公共投资基金及其控股的沙特国际电力和水务公司等参与新能源项目的企业机构密切合作，助力推进沙特能源结构转型和绿色低碳发展，将拓展双方在新能源领域的务实合作。

4. 浙江和沙特旅游合作的机遇

沙特等"一带一路"共建国家蕴含巨大的旅游客源市场。"2030 愿景"旨在使沙特成为国际贸易、旅游和投资中心。2022 年，沙特的政府预算中的近四分之一用于发展本国旅游业。在扩建利雅得和吉达两个主要城市的机场以外，还以 PPP 模式（即政府和社会资本合作模式）新建或扩建了数十个机场。沙特拥有丰富的旅游资源，独特性明显。虽沙特自然和人文旅游资源绝大多数尚未经商业开发，但优质便利的基础设施大大提高了通达性，为有意投资的企业提供了难得商机。此外，政府着力投入大量资源发展旅游产业。2017 年以来，沙特政府开始着力投入大量财政和政策资源发展旅游产业，计划尽快启动签发旅游签证，并在 2020 年前每年投入约 480 亿美元。同时，沙特助力旅游业发展的法律法规不断完善，配套政策不断推出。为快速启动旅游业发展，沙特推出《旅游业法》等多项配套法规和政策。浙江省基础设施建设完善、旅游资源丰富，旅游产业经过近 10 年高速发展，已成为浙江省经济的一个重要产业；而沙特国内的旅游产业在基础设施建设、产业发展意识、政策制度环境仍面临诸多挑战，为此，当前阶段开展与沙特在旅游领域的合作，应主要围绕旅游市场联合营销、参与沙特旅游基础设施建设、旅游数字产业合作三个方面展开。[①]

（二）浙江省与沙特合作面临的挑战

1. 沙特社会环境面临的挑战

目前沙特政局较为稳定，沙特王室在沙特拥有较大权力，但也面临着权力向下一代转移的相关继承问题。从长远看，权力过渡会对沙特政策的稳定性带来一定影响。沙特国内治安整体良好，犯罪率不高。在大力推进"沙特化"政策后，劳工部与内政部开始联合清查在沙特的非法劳工，对无合法工作签证的外籍劳工开展大规模抓捕和遣返行动。加之疫情发生后，沙特各行各业遭受一定冲击[②]，大量外籍劳工丧失工作岗位，生计难以维系，导致治安案件有所增加。

2. 沙特制度环境有待改善

首先，是沙特政策的持续性和稳定性不够。沙特对外国投资持开放态度，但对项目优惠措施采取"一事一议"政策，在优化服务水平、简化程序、税收等方面的优惠力度不够。鉴于沙特当前仍高度依赖原油出口，而且产业结构单一，能源价格的周期波动对国家经济政策和宏观规划有较大影响，中资企业投资应持审慎态度。

第二，法律制度不完善。驻沙外国企业通过法律手段解决商业纠纷，面临诉讼程序繁、周期长、执行难等困难，诉讼程序的拖延会使胜诉的一方"虽胜尤败"。法律制度的不完善使得外国投资者在沙特境内开展投资时难以获得有效的法律保护，极大地降低了营商便利度。例如，按照沙特《外国投资法》，外资企业可以在沙特国内成立全资子公司或分公司，享受沙特当地法人公司的

① 曹笑笑.浙江和沙特旅游产业合作研究//曹笑笑.中沙合作与浙江机遇.北京：社会科学文献出版社，2021：110.
② 中华人民共和国商务部国际贸易经济合作研究院.对外投资合作国别（地区）指南：沙特阿拉伯（2021年版）.[2023-04-12]. https://fdi.mofcom.gov.cn/resource/pdf/2022/04/07/d0ca1f169cf94b7b94995f6d31cc0bc0pdf.

同等待遇。但在实际运作中，《外国投资法》的相关规定较为笼统，沙特政府相关部门往往通过独立的规章制度对本国企业和国民给予更多保护，中资企业不易享受实际意义上的同等待遇。此外，根据《外国投资法》，合法注册的外资企业不必通过沙特代理人进行商务活动。但实际上，根据沙特各相关政府部门的内部规定，外资企业与当地注册、劳动、税收、海关等政府部门打交道时，必须委托沙特当地代理人或代理机构，否则不予接待，特别是在协调处理一些难点问题时，只能通过当地代理人或中间人协调政府关系，此举对外资企业不利。另外，虽然沙特的投资管理运作较为规范而且法律严格，但沙特国内仲裁机构偏袒当地人的情况也有可能发生。

第三，沙特本地化政策带来的挑战。浙江和沙特合作还面临来自沙特本地化政策的挑战。沙特本地政策对中国进入当地发展业务的企业有着相对高的要求，外国企业若不及时响应其相关政策将面临较为严重惩罚。[①]为提高本国人就业率，沙特政府于 2011 年 9 月开始实行"沙特化"分级制度，要求所有在沙特经营的企业按照所处行业及企业规模，雇用一定比例的沙特籍员工。对于达到标准的企业给予一系列激励政策，未达标者给予一定惩罚。政府借此限制外籍劳工数量。根据沙特政府报告提供的数据，2020 年多达 12.9 万名外籍劳工永久离开沙特，2020 年底在沙特的外籍劳工数量降至 635 万。[②]

3. 市场适应性问题

首先，中国企业对沙特认知不足。究其原因，是中国与沙特经济、社会和文化层面的互动还远远不够，中国企业对于沙特，对于阿拉伯世界仍然较为陌生，国内企业对沙特需求的认知不够，尤其是对于沙特"2030 愿景"及其经济多元化改革政策的宗旨及目标内涵理解不透彻。

第二，中国企业早期主要以工程承包模式进入阿拉伯国家市场，近年有了较大的发展，对阿投资也逐渐增长。总体来看，多数企业在该地区开展投资合作的时间并不长。而阿拉伯国家在政策、社会、文化等方面都有其特殊性，对投资和承包工程项目有较高的标准规定，对外来劳工的管理较为复杂，中国企业在进入该地区时需要进行深入的市场调研，充分了解当地的相关政策、法律法规和风俗文化。

---

① 张兴垚. 沙特阿拉伯本土化政策特点和应对措施. 化工管理，2022（22）：1.

② 中华人民共和国商务部国际贸易经济合作研究院. 对外投资合作国别（地区）指南：沙特阿拉伯（2021 年版）. [2023-04-12]. https://fdi.mofcom.gov.cn/resource/pdf/2022/04/07/d0ca1f169cf94b7b94995f6d31cc0bc0pdf.

第三，基础设施行业运营模式差异导致的风险。随着西方承包商在全球经济不景气的大背景下重返中低端市场，"去全球化"和贸易壁垒等提升了西方和沙特当地承包商的竞争力，中资企业成本比较优势迅速下降。此外，中国的标准、技术在沙特等海湾国家认可度不高，增加了中资企业进入该市场的难度。

四、浙江省与沙特深化合作的建议

（一）加强政策沟通与协调

中沙两国应充分利用中沙贸易之间的互补性，积极开展政府、产业和企业层面的沟通和合作，进一步深化两国之间的经贸合作。浙江省深化落实中沙合作的关键是完善政府推动、企业主导、商业运作的合作机制。首先，加强双边高层对话，建立定期的双边高层对话机制，由两地政府官员和企业领导共同参与对话。通过高层对话，可以就贸易政策、经济合作、投资机会等问题进行深入磋商，提升政策协调和合作水平。第二，可以成立商务促进委员会，成立两地的商务促进委员会，该委员会可以由两地政府和商业协会代表组成，负责推动贸易合作、促进投资，解决贸易摩擦等问题。第三，招商引资推广，建立中国（浙江）和沙特的招商引资推广平台，为企业提供相互了解投资环境、项目机会和政策支持的渠道。此举有助于吸引更多浙江企业投资沙特，并推动沙特企业来浙江投资。第四，贸易便利化，加强海关、物流和贸易金融合作，简化贸易程序，降低贸易壁垒，提高贸易效率。此举将有助于促进两地贸易畅通，提高贸易便利度。

（二）优化重点领域合作模式，促进合作转型升级

在基础设施建设方面，双方应重点推动智能化和绿色基建。双方可以加强科技交流，共同开展研发合作，特别是在高新技术、人工智能、生物技术等领域开展合作。建立联合研究中心、技术创新孵化器等平台，促进创新成果的转化和商业化。通过创新合作，双方可以提高产业附加值，增强竞争力。浙江省可支持对外承包工程企业延伸产业链，采用PPP模式降低风险、提高项目质量；支持国内轨道交通、能源电力、海洋装备等上下游企业组建联盟，共同投标当地特许经营项目，以"咨询+设计+融资+装备供应+运营管理"一体化方式开展项目建设，带动浙江产品、技术、装备和服务整体"走出去"，探索参与沙特大型基础设施项目建设。

在能源合作方面，双方应在深化传统能源合作基础上，积极探索新能源领域的合作。进一步深化中沙能源全产业链合作，构建"传统能源+可再生能源"互补合作网络；积极推动能源数字化转型合作，共同打造一体化能源工业互联网平台，提升数字能源服务水平，构建能源立体合作新格局。加快推动中沙能源贸易以人民币计价，为后续推动人民币结算奠定基础。充分利用沙特丰富的太阳能、风能等可再生资源优势和大力发展氢能的政策窗口，与浙江在新能源领域的世界先进技术、工艺和设备优势相结合，大力拓展新能源领域合作空间。双方可以在技术研发、设备制造和应用推广方面展开合作，共同应对气候变化和可持续发展的挑战。

在新兴产业领域，沙特正大力发展通信、数字经济、云计算、人工智能、航空航天等先进科技，浙江在这些领域具有显著优势。以阿里云和沙特电信公司合作为开端，浙江企业将在沙特高新技术市场获得更多商业机会。沙特还欢迎中国企业赴沙特投资新能源汽车制造、供应链、交通物流、渔业、海水淡化和水务等产业，浙江省企业在这些领域拥有技术优势、施工能力和运营经验，在开拓新市场的同时，可以助力沙特的经济多元化转型。

（三）加强人文交流，夯实经贸合作民意基础

浙江省落实加强中国和沙特之间的人文交流对于夯实双边经贸关系、民意基础至关重要。人文交流有助于打破文化障碍，促进双方更好地理解彼此的文化、价值观和社会习惯。这种相互理解可以减少误解和偏见，有助于建立信任，从而为商业合作创造更有利的氛围。利用"文化搭台，经济唱戏"的方式，可加深对于当地文化和政策的理解；通过提供互访、学术研究、文化展览、音乐会和艺术表演等形式，可促进两地文化交流和民心相通。通过这些活动，可以更深入地了解对方的文化传统、历史和生活方式，能够更加准确地把握当地的市场需求。此外，文化交流也可以激发商业机会。当两国人民建立了深厚的友谊和信任关系时，他们更容易在商业领域建立联系，探讨合作机会。艺术、文化和教育项目的合作也可以成为商业合作的跳板，促进双方企业之间的合作，加深贸易关系。最后，人文交流有助于为双边合作注入新的活力。通过共同的文化体验和人际互动，浙江和沙特可以拓宽双方合作的领域，创造新型商业模式，发掘新的市场机会。这将有助于双方更紧密地协作，为双边经济关系的持续增长和发展提供坚实的基础。

浙江省与阿联酋合作发展报告

韩小锋

摘　要：中国与阿联酋是重要的贸易伙伴，近年来两国之间的贸易额逐年递增。特别是随着"一带一路"共建的不断深入，中国与阿拉伯国家之间合作的领域得到进一步拓展，为中国与阿联酋之间的合作和共同发展提供了更大的机遇。中国与阿联酋两国不断深化的经济合作关系，不仅为两国的持续繁荣和发展做出了重大贡献，也带动了浙江省参与中阿两国经贸合作发展的领域拓展。浙江省和阿联酋在经贸合作中具有经济互补性强的特点，双方在经贸、旅游、文化、制造业等领域已开展了诸多合作。近年来，浙江省和阿联酋之间的经贸和文化交流不断扩大，为帮助浙江企业更好地了解阿联酋经济发展情况，助力浙江企业拓展贸易提供了诸多机会。

关键词：浙江省；阿联酋；"一带一路"；经贸合作

作者简介：韩小锋，法学博士，宁夏大学阿拉伯学院博士后。

中国与阿联酋是重要的贸易伙伴，近年来两国之间的贸易额逐年递增。中阿双方自 1984 年 11 月 1 日建交以来，两国关系取得长足发展，双方在涉及彼此核心利益问题上相互支持，各领域务实合作成果丰硕。随着"一带一路"共建的不断深入，中阿投资合作的领域得到进一步拓展，为双方合作和共同发展提供了更大的机遇。中阿两国在不断深化的经济合作关系中加强政治、文化交流，促进贸易、能源、科技创新等领域的合作与发展，为两国的持续繁荣和发展做出了重大贡献。作为中国的经济强省和开放大省，浙江省深入践行"一带一路"的合作精神与"八八战略"的开放理念，近年来同阿联酋的合作关系持续深入，涉及领域不断增多，在新的历史发展时期开创更为广阔的前景，双方合作发展潜力巨大。随着共建"一带一路"的持续推进，浙江省同阿联酋的全方位合作将开拓更多新领域和迎来更多新机遇。

一、浙江省与阿联酋的合作背景

中阿双方自 1984 年 11 月 1 日建交以来，两国经贸关系取得长足进展。近年来中阿两国经贸合作往来频繁，双边重大经贸合作项目扎实推进，阿联酋已成为同中国合作程度最深、领域最广、成果最丰硕的中东国家。

（一）中国与阿联酋的合作概况

中国与阿联酋的合作领域极为广泛，在能源合作方面，阿联酋是中国的主要石油供应国之一，中国也在阿联酋投资了多个石油和天然气项目。此外，两国还在太阳能和核能领域有合作计划；在基础设施合作方面，中国企业在阿联酋建设了多个轨道交通和公路项目。两国已经有了多个跨学科和跨领域的合作计划，包括在数字经济领域的合作和共建人工智能创新中心；在文化交流方面，两国的文化交流和旅游合作也颇具活力；在医疗合作方面，近年来，两国之间的医疗合作也得到逐步拓展。中国和阿联酋在开展心脏病治疗项目、开设中医诊所等方面有了多项合作，为两国民众的健康福利做出了贡献。例如两国在抗击新冠疫情方面开展深入合作，2020 年 6 月起，中国国药集团同阿方合作开展全球首个新冠灭活疫苗三期国际临床试验。2020 年 12 月，阿方在全球范围内率先批准中国国药疫苗注册上市。2021 年 3 月，中阿双方启动两国疫苗原液在阿灌装生产线项目。此外，在机械设备和电子产品、建材和装备以及食品和农产品等领域，中国与阿联酋均有深入而广泛的合作。相关数据显示，2022 年中阿双边贸易额约 992.7 亿美元，同比增长 37.2%，其中我方出口 538.6 亿美元，同比增长 22.9%，进口 454.1 亿美元，同比增长 59%。我方主要出口机电、高新技术、纺织和轻工产品等，主要进口原油、成品油、铝制品等。[①] 两国务实合作成果丰硕，阿联酋是我国在阿拉伯国家中极为重要的贸易伙伴。

（二）浙江省与阿联酋合作概况

中国提出"一带一路"多边合作规划的倡议以来，得到了包括阿联酋在内的国家的积极响应。自 2009 年以来，浙江省与阿联酋的沙迦酋长国合作关系

---

① 中华人民共和国外交部. 中国同阿联酋的关系. [2023-4-12]. https://www.fmprc.gov.cn/web/gjhdq_676201/gj_676203/yz_676205/1206_676234/sbgx_676238/.

日益提升，双方经贸交往更加密切，人员往来更加频繁。浙江和沙迦酋长国经济互补性强，双方可以在经贸、旅游、文化、制造业等领域开展更加密切、更高层次的合作，成为优势互补、合作共赢的长期伙伴。

迪拜号称"中东门户"，是"浙江制造"在中东地区最大的贸易集散地，浙江与迪拜之间良好的贸易往来将对构筑"一带一路"节点起到重要的促进作用。

近年来，浙江省和阿联酋以及其他中东国家之间的经贸和文化交流不断扩大。为帮助浙江企业更好地了解阿联酋经济发展情况，助力浙江企业拓展全球贸易机会，2022 年 6 月 27 日下午，浙江省国际商会联合迪拜港口世界集团（杰贝阿里自贸区）共同举办了"迪拜—浙江经贸合作研讨会"。省交投集团、省海港集团、中国移动浙江公司、省通信服务控股集团、物产中大国贸、浙商中拓集团等国际商会会员企业代表参会。如今，已经有超过 4000 多家中国公司在阿联酋投资营商，其中浙企是主力军。[①]

二、浙江省与阿联酋的合作情况

（一）浙江省与阿联酋的贸易合作

阿联酋是我国在阿拉伯国家中最大出口市场和第二大贸易伙伴。2021 年，中阿双边贸易额 723.6 亿美元，同比增长 46.6%，其中中国出口 438.2 亿美元，同比增长 35.6%，进口 285.4 亿美元，同比增长 67.3%。2022 年上半年，中阿双边贸易额 460.3 亿美元，同比增长 46.4%，其中中国出口 245.2 亿美元，同比增长 23%，进口 215.1 亿美元，同比增长 86.9%。中国主要出口机电、高新技术、纺织和轻工产品等，主要进口原油、成品油、铝制品等。

浙江省与阿联酋开展贸易合作具有坚实基础和突出优势。首先，浙江省能够发挥平台优势，对外开放载体建设成效显著，建成了以中国（浙江）自由贸易试验区为龙头的高能级开放平台体系，以及国家级、省级、市县级多层次交流平台，打造了世界互联网大会、世界浙商大会、世界油商大会、浙江省推进"一带一路"建设大会、浙江省对外开放活动等若干张"金名片"。其次，浙江省充分发挥数字优势，"数字丝绸之路"建设加速推进。浙江省大力推进"数

---

① 中国一带一路网. 浙江与迪拜开启云端对话，共商投资新机促经贸合作. [2023-4-12]. https://www.yidaiyilu.gov.cn/xwzx/dfdt/258561.htm.

字丝绸之路"、杭州"数字丝绸之路"核心区建设,加速建设"一带一路"沿线布局世界电子贸易平台,使移动支付、城市大脑等走向共建"一带一路"国家。再次,浙江省充分发挥浙商优势,民营企业主力军作用日益凸显。浙江省发挥"浙江人经济"优势,支持在境外投资创业的浙商深度参与"一带一路"建设。此外,浙江省充分发挥通道优势,通过全面打通联接"一带一路"大通道以及"丝绸之路经济带""21世纪海上丝绸之路"和长江经济带的"义甬舟陆海统筹双向开放大通道",国际物流枢纽地位全面提升。

"一带一路"迪拜站项目是浙江省海港集团、宁波舟山港集团贯彻落实浙江省委、省政府相关部署要求,深度参与"一带一路"建设,推进我国与阿联酋开放合作的重要载体。2022年6月,浙江海港云仓(迪拜)供应链管理有限公司在迪拜开始试运营,开启海外仓业务新发展。该项目立足于浙江省与中东地区密切的商贸往来,依托集团港口物流优势以及与迪拜世界港口公司(DP World)良好的合作关系,利用杰贝阿里自贸区(JAFZA)开展海外仓业务,旨在以迪拜为据点逐步使宁波舟山港物流服务链条辐射整个中东地区,为浙江省乃至全国的贸易、跨境电商企业提供通往中东地区的便利物流通道,保障国际物流供应链畅通。自2019年项目启动以来,各项工作推进有序。迪拜站项目组不断积累海外项目运营经验,深入探索适合迪拜当地的业务模式,拓展境外仓储、代理、运输、报关、配送等业务,增强海外网点的揽货能力和综合物流服务能力,进一步畅通跨境物流通道,为集团建设世界一流强港和发展国际化事业注入新的活力。

目前,已有320多家中国企业在杰贝阿里自贸区内注册落地。2020年,中国与杰贝阿里自贸区的贸易额高达19.4亿美元,所涉及贸易行业主要包括钢铁建材、油气、化工产品等。自贸区内还坐落着两大中国商城,即迪拜龙城和义乌中国商品城。其中迪拜龙城已有超过4000多家中国商户入驻,来自浙江的商户占据相当大的比例,而义乌中国商品城于2022年初正式开业,将在"一带一路"新丝绸之路上以迪拜为中心实现贯通全球贸易。①

(二)浙江省与阿联酋的能源合作

在中阿合作共建"一带一路"的过程中,能源合作的主轴地位越来越突

---

① 中国国际贸易促进会."干货"来啦——投资迪拜精华尽在"迪拜—浙江经贸合作研讨会".[2022-12-29]. http:// www.ccpitzj.gov.cn/art/2022/7/6/art_1229641075_34951.html.

出，油气合作、清洁能源合作"双轮"驱动效应越来越显著。

阿联酋石油和天然气资源非常丰富，已探明石油储量约 150 亿吨，天然气储量 7.7 万亿立方米，均居世界第六位。阿联酋于 1995 年加入世界贸易组织，外贸在阿联酋经济中占有重要位置。阿联酋主要出口石油、天然气、石油化工产品等。在能源方面，阿联酋是我国第六大原油进口来源国。2021 年，我国从阿联酋进口原油 3194 万吨，同比增长 2%。2022 年上半年，我国从阿联酋进口原油 1943.5 万吨，同比增长 36.1%。2017 年 2 月，中国企业获得阿联酋阿布扎比陆上石油区块 12% 特许经营权益。2018 年 3 月，中国企业获得阿联酋阿布扎比海上石油区块所属两块油田各 10% 特许经营权益。①

在新能源领域，中阿积极拓展在太阳能、风能、水电等领域的合作，建立了中阿清洁能源培训中心和阿联酋迪拜 700 兆瓦光热发电项目，带动中阿清洁能源合作向上突破。总部位于阿联酋迪拜的绿色出行技术公司纽顿（NWTN）落户浙江金华，2022 年 9 月 20 日，纽顿中国新能源汽车超级工厂在金华科技城开工。据悉，纽顿中国新能源汽车超级工厂是纽顿在中国投资的首个超级工厂，该项目占地 750 亩，总投资 100 亿元，设计年产智能乘用车（SPV）10 万台，计划于 2024 年实现投产。纽顿大中华区总部也在同日揭牌，包含研发、生产、销售、运营等职能。未来，金华超级工厂将对纽顿位于阿布扎比哈利法工业区内的生产基地实现直接赋能，完成对中国、中东、东南亚、欧洲、北非等关键市场的覆盖。②

（三）浙江省与阿联酋的制造业合作

阿联酋的制造业以石油化工工业为主，此外还有液化天然气、炼铝、塑料制品、建筑材料、服装和食品加工等工业，主要进口粮食、机械和消费品。

2021 年，浙江省台州市向阿联酋累计出口总额达 38.7 亿元人民币，其中，家具、塑料模具、鞋类、纺织服装出口比上年增长幅度较大，合作前景广阔。总体而言，台州市的医疗器械、家具、橡塑模具、汽摩及配件、家电、卫浴、纺织服装、鞋类等产品，获得了阿联酋采购商的青睐。此外，阿联酋也是宁波市在阿拉伯地区贸易投资的重要对象。2021 年前三季度，宁波市与阿联酋进

---

① 中华人民共和国外交部. 中国同阿联酋的关系. [2023-04-12]. https://www.fmprc.gov.cn/web/gjhdq_676201/gj_676203/yz_676205/1206_676234/sbgx_676238/.

② 中阿合作论坛. 阿联酋新能源车企超级工厂落户浙江. [2023-01-02]. http://www.chinaarabcf.org/zagx/gjydyl/202210/t20221013_10783058.htm.

出口总额达到 17 亿美元，同比增长 27.5%；阿联酋在宁波累计批准项目 63 个，实际投入外资 6337 万美元，宁波在阿联酋累计批准的境外企业和机构 102 个，备案（核准）中方投资额 29186 万美元。就 2021 年的整体情况而言，宁波瑞孚工业集团有限公司旗下的宁波华孚进出口有限公司、慈溪市飞龙国际贸易有限公司与阿联酋相关企业，以及宁波三星医疗电气股份有限公司、宁波恒越进出口有限公司、宁波中蔺对外贸易有限公司与沙特相关企业，在电力产品、美妆工具、电器、车辆配件及售后五方面合作签约，贸易成交额达 1 亿多美元。①

（四）浙江省与阿联酋的人文交流合作

中国的浙江省和阿拉伯国家分处"一带一路"东西两端交汇处，双方开放合作源远流长，经贸交流密切。近几年来，浙江与阿拉伯国家广播电视交流合作取得积极突破，如浙产电视剧《鸡毛飞上天》《欢乐颂》《父母爱情》先后在埃及等多个阿拉伯国家电视台播出，获得一致好评。浙江华策集团在 YouTube 平台开设阿拉伯语频道，面向中东地区为主的阿拉伯语观众发行电视剧共 14 部 582 集。随着第四届中阿国家广播电视合作论坛在浙江举行，浙江与阿拉伯国家的广播电视合作迎来了新契机，为浙江省与阿拉伯国家深化在广播电视政策、内容创作与能力建设、智能化和网络视听传播等领域的合作创造了条件。②

在文化交流方面，浙江省文化与旅游厅（现浙江省文化广电和旅游厅）与阿联酋迪拜"拥抱中国"执委会合作推出的系列中国文化展览，是浙江与阿联酋文化交流活动的重要组成。历届展览分别以丝、茶、瓷、绘画、摄影、电影周、美食节、时装秀、体育赛事、音乐节和中国文化盛会为主题，从历史与现代、生活与艺术、传承与创新等不同角度展现中国传统文化特征，促进"一带一路"的文化交流与合作。

在教育合作领域，浙江省与阿联酋对国际教育合作都非常重视。2019 年，阿联酋正式将中文纳入国民教育体系，随后在中国招聘中文教师。在此背景下，迪拜中国学校于 2020 年 9 月 1 日正式成立。迪拜中国学校是教育部首批在海外设立的中国学校，是教育部委托杭州市承办、杭州第二中学领办的中国教育"走出去"第一所海外基础教育中国国际学校。该学校未来将教育范围逐

---

① 2020 年迪拜世博会浙江周·宁波日举办，中国国际贸易促进委员会网（CCPIT）.(2021-11-22)[2023-01-02]. https://www.ccpit.org/a/20211122/20211122p7p5.html.

② 中国新闻出版广电网. 浙江和阿拉伯国家广电合作潜力大. [2023-02-15]. https://www.chinaxwcb.com/info/557515.

步扩展至幼儿园和初高中，提供与国内一致的基础教育服务。①

（五）浙江省与阿联酋的旅游合作

旅游业是阿联酋重要的支柱产业之一。根据阿联酋旅游发展战略规划，到 2031 年阿联酋旅游业全年对 GDP 的贡献值将达到 1220 亿美元，且之后每年实现 74 亿美元的增长。根据规划，阿联酋还将在 2031 年吸引 272 亿美元的旅游投资，以及 4000 万酒店顾客，阿联酋的旅游收入预计将超过 50 亿美元。②

事实上，阿联酋一直都是最受中国公民喜爱的阿拉伯国家旅游目的地之一。以 2019 年数据为例，中国公民首站赴阿联酋人数约 112 万人次，同比增长 17.2%。加上从其他国家和地区入境的中国公民，阿联酋 2019 年共接待中国游客 175 万人次，在西亚北非国家中排名第一，领先于其他海湾国家。③后疫情时代，中国试点恢复公民团队出境旅游，阿联酋成为首批 20 个试点国家之一。为了迎接中国游客，阿联酋多家航空公司正在有序恢复中国客运航线。据阿联酋当地旅行社负责人介绍，自中国宣布试点恢复公民团队出境游以来，国内进行业务咨询和合作洽谈的需求便开始成倍增长，当地旅行社也已经收到了许多大型团组的出行计划。为了迎接中国游客，阿联酋方面做了积极的准备，例如阿联酋阿提哈德航空以及阿联酋航空均把中国作为重要战略市场。

早在 2019 年 6 月 15 日，阿联酋迪拜 IMG 集团携浙江海贝文化旅游发展有限公司在杭州举行公司成立仪式暨新闻发布会，宣布全球最大的室内主题乐园投资运营商 IMG 集团将正式进驻中国市场，浙江海贝文化旅游发展有限公司将全面负责 IMG 中国主题乐园的开发建设运营工作。IMG 集团总部位于阿联酋迪拜，业务范围涵盖多个领域，包括港口码头、海陆交通运输、房地产、酒店、游乐设施开发与经营、物流园区等。IMG 集团旗下的"IMG 世界"是阿联酋首屈一指的文化旅游产业服务运营商，代表乐园行业的世界顶尖水平，囊括《漫威》《猫和老鼠》《海绵宝宝》《海贼王》等众多世界一流的 IP 主题品牌。IMG 世界拥有三大乐园品牌，分别是 IMG 冒险世界、IMG 神话世界和卡塔尔珍珠。位于迪拜的 IMG 冒险世界是目前已建成并投入运营的、全球最大的室内主题乐

---

① 浙江政务网.迪拜中国学校正式成立. [2023-03-10]. https://www.hangzhou.gov.cn/art/2020/9/2/art_812259_56067313. Html.

② 环球旅讯.阿联酋制定旅游业发展目标，计划到2031年创造1220亿美元的经济贡献值. [2023-01-20]. https://m.traveldaily.cn/express/168566.

③ 阿联酋旅游业人士积极评价中国假日经济. [2023-04-24]. https://new.qq.com/rain/a/20230501A04SFT00.

园；正在建设的阿拉伯之城也是世界著名的"DubaiLand迪拜乐土"，总投资达200亿美金，是位于迪拜市中心的超大型零售、住宅、商业和娱乐中心。

在中国启动的IMG中国主题乐园项目，对标国际及国内顶级乐园，四大游乐区域占地面积将达3500亩，包含主题酒店和完善的休闲配套，建成后将成为国内最具标志性的冒险和娱乐目的地。IMG中国主题乐园项目计划分期实施，项目规划总投资500亿元，提供就业岗位2—3万个。作为大型国际文化旅游项目，IMG中国将与"一带一路"国家有效联动，打造创新型国家级文旅示范项目，为中国经济文化建设注入新动能。[①]

三、浙江省与阿联酋合作的机遇与挑战

（一）浙江省与阿联酋有着更多合作机遇

1. 阿联酋的"50项目"为浙江企业提供机遇

阿联酋是一个年轻的国家。在2021年独立50周年之际，阿联酋提出了今后50年的发展规划，而"50项目"即发展规划的一部分。其中，最重要就是在2031年之前，阿联酋计划将工业制造生产总值从现在的1330亿迪拉姆增加到3000亿迪拉姆，即实现约871亿美金的增长。"50项目"当中的许多项目都需要吸引大量的人才和投资，特别欢迎医药公司及航空公司等拥有先进技术的企业到阿联酋迪拜开展投资，阿联酋能够为企业投资落地及人员入境方面提供便利的政策和基础设施，例如绿色签证、自由职业签及其他配套法律政策。这些对浙江企业而言都是不错的发展机遇。

2. 阿联酋为浙江企业进入中东市场提供了门户平台

阿联酋已经发展成为一个强大的区域商业中心，为本国创造了健康的市场竞争环境，为消费者提供了广泛的选择，成为大型跨国公司设立区域总部的首选。在营商环境方面，阿联酋拥有坚实的监管框架、稳定的营商环境，以及强大的商业生态系统；在区位优势方面，阿联酋具有强大的区域连通性，迪拜的港口和机场是中东商业、旅游等最活跃的门户；在治安方面，阿联酋是全球十大最安全国家之一；在金融方面，阿联酋迪拉姆与美元稳定挂钩，不征收个人和企业所得税，没有外汇限制，具备资本和利润回国的能力，也是区域内贸易

---

① 迪拜IMG集团抢滩中国，500亿打造全球最大室内主题乐园. [2023-04-10]. https://www.traveldaily.cn/article/129810.

壁垒和关税最低的国家，允许投资者以有竞争力的价格自由交易商品；在人才方面，阿联酋拥有"政企学"三方合作机制、吸引高科技人才的优质政策以及全球最优秀人才的汇集渠道，能够满足私营企业的人才需求。

3. 阿联酋自贸区政策优势提供更多合作便利

阿联酋自贸区是指各酋长国在境内划定一块区域作为自由区，外来投资人可享受 100% 控股，但其货物和服务只能在区内流转，不能进入酋长国本土市场。阿联酋自贸区为吸引外资扫清不必要的障碍，促进阿联酋的经济繁荣和多元化战略发展。据阿联酋官方统计数据，截至 2021 年 2 月中旬，在阿联酋自贸区内经营的企业数量增加至约 60600 家，相较于 2020 年 2 月底的数据增长了 3.4%[①]。

阿联酋有超过 44 个自贸区，截至 2021 年 2 月中旬，在阿联酋自贸区内经营的企业占在阿联酋注册企业总数的 8%。以成立于 1985 年的阿联酋首个自贸区——杰贝阿里自贸区为例，作为世界上最大的经济区、物流和私营工业园区之一，杰贝阿里自贸区以服务为导向，从公司设立到员工签证办理的全部流程简化，为贸易客户提供了有利于结构性增长的环境。杰贝阿里自贸区还拥有目前世界最大的、年吞吐量约为 2400 万标准箱集装箱港口之一，为客户提供了优质物流和高容量的基础设施。

（二）浙江省与阿联酋仍面临合作挑战

1. 来自税务成本等本地化合规的挑战

根据阿联酋财政部发布的关于公司和企业税收的 2022 年第 47 号联邦法令，自 2023 年 6 月 1 日起，所有在阿联酋营业利润超过 37.5 万迪拉姆的企业或其他组织（该法令适用于所有居民和非居民纳税人）须缴纳税率为 9% 的联邦企业所得税，但营业利润低于这一数额的企业或其他组织将不受该法令的影响。[②]需要指出的是，该法令中的"自由区法"规定，符合自由区相关规定，如遵守转让定价规定、在自由区注册有实体公司并提交阿联酋公司税申报表等的人士可以同时拥有符合条件的收入（税率为 0%）和不符合条件的税后收入

---

① 中华人民共和国商务部. 阿联酋自由贸易区内企业数量达 6 万家. [2023-06-20]. http://www.mofcom.gov.cn/article/i/jyjl/k/202102/20210203041524.shtml.

② 阿联酋政府网. 阿联酋联邦企业税法（Federal Decree-Law No. 47 of 2022 on the Taxation of Corporations and Businesses）. [2023-08-07]. https://mof.gov.ae/wp-content/uploads/2022/12/Federal-Decree-Law-No.-47-of-2022-EN.pdf.

（税率为 9%）。①

总体而言，阿联酋奉行的此类税收制度有利于中国企业前往阿联酋开拓市场。因此，对有意向的中国企业而言，如果最终希望实现多边辐射，建议在自贸区内注册落地，同时应注意关注阿联酋的商业部署和规划的新动态、深入了解相关税收政策，使企业运营符合当地（特别是自贸区）的要求。

2. 阿联酋国内市场竞争激烈

阿联酋经济高度开放，由于欧美国家在阿联酋市场深耕多年，加之阿联酋本土企业近年来快速崛起，阿联酋国内市场竞争日趋激烈。以电信行业为例，阿联酋是阿拉伯地区第一个、全球第四个推出 5G 网络的国家。阿联酋最大的移动运营商的伊替萨拉（Etisalat）和度（DU）在阿联酋已实现业务全覆盖。需要指出的是，尽管目前阿联酋尚未对外国企业开放通信运营商业务，但外国通信企业可以通过与这两家运营商合作，来实现在当地相关业务的拓展。目前在阿联酋电信市场中，为了满足对互联网服务日益增长的需求并赢得广泛的客户份额，外国运营商也在不断通过技术创新以及与阿联酋本土重要电信行业的合作来争夺市场。如英国电信巨头沃达丰（Vodafone）集团与阿联酋最大的电信公司伊替萨拉已签署了战略合作协议，服务将包括固定和移动连接、移动专用网络、物联网、网络安全和基于云的服务等；韩国三星集团也与阿联酋的伊替萨拉和度有深入合作，内容包括物联网和网络数据升级等。

中国移动和中国电信虽然已落地阿联酋多年，为在阿联酋经营的中资企业提供网络安全监控等技术服务。但较之当前阿联酋电信市场的竞争态势，在与伊替萨拉和度两大本土运营商合作并开展业务方面，特别是在包括推动电子服务接入及管理政策、解决争议以及确保服务质量和接入公平等方面，仍面临着来自国际电信行业（如英国和韩国等）的巨大挑战。而这也需要中国电信行业对阿联酋电信业的发展和智慧城市发展进行深入研究，以寻求更为广泛的发展机会。

3. 在阿联酋企业面临维权问题

根据目前能够公开获取到的案例，中资企业在阿联酋成功维权，首先需要审慎经营，在项目的早期，特别是协议谈判阶段，建议请专业律师介入帮助审查协议条款，并及时留存对自身有利的证据。其次，要选择对自身有利的纠纷

---

① 阿联酋政府网. "自贸区CT法"（UAE Corporate Tax Law Release: Initial reactions and key takeaways）. [2023-08-07]. https://www.pwc.com/m1/en/services/tax/me-tax-legal-news/2022/uae-corporate-tax-law-release.html.

解决途径，主要是诉讼和仲裁两种方式。但出于法律适用、律师代理制度、语言以及当地社会风俗等方面考虑，选择诉讼对于中资企业较为困难，而仲裁在语言和法律适用选择上更为灵活。同时，阿联酋是《承认及执行外国仲裁裁决公约》的缔约国，在阿联酋可以执行外国仲裁裁决。因此，仲裁更适合跨境争议解决，一般是中资企业在当地维权的最优途径。

四、浙江省与阿联酋加强合作的路径建议

在"一带一路"倡议背景下，中国同阿联酋经济高度互补、利益高度契合、合作前景广阔。中国政府提出的"创新、协调、绿色、开放、共享的新发展理念"与阿联酋政府提出的"创新、人才引领发展模式"不谋而合。双方未来在基础设施建设、核电技术、航空航天、石油生产加工、数字经济等领域深入合作的空间很大。在与阿联酋前期合作的良好基础上，浙江省应利用自身技术、人才与机制优势，发掘双方合作潜力、探索新的合作领域，为双方更宽领域、更高层级的互利共赢创造条件。

（一）加强双方合作的全面战略考量

首先，要充分把握机遇，坚持共商共建共享，积极参与交通、能源等项目建设。其次，要加强资源整合，以迪拜站建设为契机，加强基础设施、集散枢纽、商协会等方面的资源整合配置。再次，在数字经济领域，要发挥电商优势，带动浙江商品开拓中东电商市场的蓝海，加强海外仓、品牌、管理等方面的建设。最后，要凝聚各方合力，形成相关部门和机构主动牵头、在中东企业积极响应和参与的良好机制。

（二）继续拓展传统领域的合作空间

在电子商务领域，近两年包括阿联酋在内的阿拉伯国家跨境电商市场需求大幅增加，电子商务也成为当前阿联酋重点促进的产业，杰贝阿里自贸区内也已经有一些中国的跨境电商企业入驻。在现有电商合作成果基础上，浙江省电商企业应进一步推进精细化运营与本地化策略，实现从产品出口到品牌"出海"的跨越，依托自身核心竞争力在阿联酋等国家的电商领域获得更大的市场空间和更多的市场机遇。

浙江省与阿联酋在文化产业方面仍有较大合作发展空间。在加强双方战略

对接基础上，浙江省应主动参与阿联酋有关广播电视对外推广工程和计划，实施浙江丝绸之路影视桥项目、"浙产影视剧对象国本土化语言译配"工程，通过语言译配、参加节展、媒体交流、赴阿联酋拍摄节目等手段，开展广播电视节目共同创作生产。

（三）开拓双方合作的新领域与新市场

作为中东地区发展最快的新兴经济体之一，阿联酋在新能源、数字经济、高科技农业、航天产业、医疗保健等领域具有广阔的市场。同时，阿联酋政府在发展石化工业的同时，把发展多样化经济、扩大贸易和增加非石油收入在国内生产总值中的比例作为首要任务，努力发展水泥、炼铝、塑料制品、建筑材料、服装、食品加工等工业。浙江省可在上述领域寻找合作机会，发挥自身的产能优势和经验，双方在这一领域的合作可继续深化。以医疗器械产业为例，中国医疗器械在阿联酋市场以高品质和相对较低的成本而闻名，受到采购者的青睐。迪拜周边国家和地区较多，这些地区的医疗器械多依靠进口且需求量大，是一个有发展潜力的市场。

（四）把握阿联酋新型扶持产业发展机遇

阿联酋一直致力于通过政策倾斜、国际合作等形式扶持各类新兴产业。以高科技农业为例，阿联酋希望采用最新的农业科技提升本国的粮食产量。阿联酋在农业方面对外国投资者开放 100% 所有权，并于 2019 年 3 月发布了农业税收优惠和约 2.7 亿美元的研发补贴政策，主要覆盖三大农业研发领域：藻类及生物燃料领域、室内耕作领域、精准农业及农业机器人领域。同时，阿联酋制定了《2051 年国家粮食安全战略》，虽然这不是一项明确的激励措施，但也为阿联酋农业及粮食生产领域的投资提供了长期稳定的政策保障。浙江省可结合阿联酋农业发展的需要，充分发挥自身在农业科技领域的优势，推进两国农业科技合作。

浙江省与伊朗合作发展报告

吴 成

摘 要： 伊朗地缘战略地位重要，位于"五海三洲之地"的中东和欧亚非三洲东西南北交通的十字路口，有"欧亚路桥""东西方空中走廊"之美誉，也是"一带一路"的必经之地。中伊交往已有两千多年的历史，作为两大文明古国，双方有诸多相似之处。浙江省与伊朗合作发展迅猛，高层互访不断，经贸合作突飞猛进，技术合作后来居上，人文合作异军突起，把马克思主义和中华民族传统文化中的文明交往、在交往中取长补短的理念落到实处，为双方在全球化时代再创辉煌创造了条件。

关键词： 浙江省；伊朗；"一带一路"；合作

作者简介： 吴成，历史学博士，新乡工程学院教授。

伊朗位于西亚，属中东国家，东邻巴基斯坦和阿富汗，东北与土库曼斯坦接壤，中北部紧靠里海，西北与阿塞拜疆和亚美尼亚为邻，西接土耳其和伊拉克，南靠波斯湾和阿拉伯海，隔波斯湾与科威特、沙特阿拉伯、巴林、阿拉伯联合酋长国、卡塔尔、阿曼和也门相望。伊朗地缘战略地位重要，位于"五海三洲之地"的中东和欧亚非三洲东西南北交通的十字路口，有"欧亚路桥""东西方空中走廊"之美誉。关于中国同伊朗的关系，伊朗《德黑兰时报》总编萨奇曾表示，伊朗和中国同为亚洲文明古国，伊朗珍惜同中国的友谊。①

---

① 为和平稳定发展带来正能量 . (2016-01-25)[2023-09-28]. http://news.cnr.cn/native/gd/20160125/t20160125_521225013. shtml

一、浙江省与伊朗合作背景

（一）中国与伊朗关系发展情况

伊朗有丰富的自然资源，截至 2018 年底，已探明石油储量 1556 亿桶，居世界第四位，已探明天然气储量 31.9 万亿立方米，居世界第二位。2018 年，伊朗石油日产量为 471.5 万桶，天然气年产量为 2395 亿立方米。伊朗有"世界矿藏博物馆"之称，已探明矿山 3800 多处，矿藏储量 270 亿吨。伊朗经济实力较强，以石油开采业为主，石油出口是经济支柱。伊朗是石油输出国组织成员，工业基础相对薄弱，大部分工业原材料和零配件依赖进口。伊朗政府高度重视、大力发展农业，农业在国民经济中占有重要地位，目前粮食生产已实现 90% 自给自足。伊朗一度为世界旅游大国，从 1991 年起，政府开始致力发展旅游业，旅游业逐渐复苏。

20 世纪七八十年代期间，中伊两国的经贸合作主要集中在能源领域。中国从伊朗进口原油，并在伊朗进行了一些基础设施建设。进入 21 世纪，中伊两国的经济合作进一步加深。2001 年，中国成为伊朗最大的贸易伙伴，双边贸易额迅速增长。2008 年，两国签署了多项谅解备忘录，巩固了经贸合作。2013 年，中国提出"一带一路"倡议后，中伊两国的合作进一步加强。2016 年，两国元首签署全面战略伙伴关系协议，将双边关系提升到了新的高度。2021 年 3 月，两国正式签署了为期 25 年的全面合作协议，涵盖石油、矿业、工业活动、支持交通运输和农业等多个领域。

随着 2022 年伊朗加入上海合作组织，中伊双边经贸合作以此为契机，迈入高速发展的"快车道"，更上一层楼。从 2012 年 6 月到 2022 年 8 月，中国、伊朗两国友好协会交替在德黑兰和北京，以"深化经贸关系，促进文化交流""深化'一带一路'建设，加强两国文化和旅游合作""'一带一路'建设中的中伊经贸合作与文化交流""中伊携手、共建丝路"为主题进行持续交流互动。有关这一时期中伊贸易的统计数据见表 1。

表 1　2012—2022 年中国与伊朗贸易额　　　　　　　单位：亿美元

年份	2012	2013	2014	2015	2016	2017	2018	2019	2020	2021	2022
总额	364.7	395.4	518.5	338.4	312.4	371.4	351	230.3	149.1	147.8	145.9
中国从伊朗进口	116	141.5	243.4	177.9	164.2	185.9	140	96.1	85.1	82.8	85.4
中国向伊朗出口	248.6	253.9	275.1	160.5	148.3	185.5	211	134.2	64	65	60.5

注：2022 年数据为 1—11 月。

两国经济合作持续发展。从上面的数据可见，中伊经济合作进入新阶段。中伊间通过举办各种类型的展览会、合作论坛等，积极向对方开拓市场。中伊工程合作取得积极进展。金融合作成效长短不一，在去美元化方面成效显著，投融资相对薄弱。能源合作潜力巨大。

中伊教育、科技、文化合作成效显著。中国的厦门大学、北京大学、北京外国语大学、上海外国语大学等高校与伊朗的德黑兰大学、伊斯法罕大学等高校建立了长期合作关系。中伊双方学者通过举办一系列学术会议、彼此互访以促进学术交流。截至 2022 年底，中国在伊朗建有 2 所孔子学院。目前，中国已有 20 家伊朗学研究中心，14 所中国高校已开设了波斯语专业，伊朗在华留学生总数已超过 3000 人。此外，自 2013 年以来，中国社会科学院世界历史研究所每年举办一场"伊朗小组研讨会"，围绕中伊关系的重大问题展开讨论。中伊科技创新合作更上一层楼。例如 2015 年 4 月，中伊农业部双方代表正式签订两国农业合作备忘录。[①]双方在医药合作、图书出版、艺术文博、影视传媒、出境旅游等领域的互利合作同样取得长足进展。近年来，中国和伊朗智库之间的交流日益频繁。在智库交流方面，中国社会科学院、上海国际问题研究院、上海社会科学院等研究机构，在教育部国别和区域专业指导框架下的西南大学、西北大学等一批伊朗研究中心或中东研究中心的高校，对于伊朗进行多领域研究并发展壮大，汇集了一批伊朗问题专家，在智库建设和后备研究人才培养方面成果显著。从整体来看，中伊双方尚未建立起双边智库合作的常态化机制，中国对伊朗智库的研究也刚刚起步。

（二）浙江省与伊朗关系发展与合作定位

浙江省与伊朗的关系发展与合作定位在中伊两国长期稳定、内容广泛的友好合作关系框架下进行。

由经贸带动教育、文化、科技等全方位发展。浙江省与伊朗加强多领域合作，应充分发挥浙江地方的经贸、技术与文化优势。毫无疑问，对外经贸合作是浙江对外合作的优势，与伊朗的合作也不例外。此外，改革开放中浙江积累起来的技术优势也正在对外交往中得到发挥，浙江历史上形成的文化优势正在其与伊朗的文化交流过程中迅速强化。

---

① 喻发美，陈俊华."一带一路"倡议下中伊农业合作研究.绵阳师范学院学报，2022，（2）：104-112.

二、浙江省与伊朗合作情况

浙江省有对外交流的良好传统，在改革开放的过程中，尤其是进入新时代后，积极谋求对外合作，取得了良好成效，与伊朗的合作也与时俱进，丰富多样。

（一）浙江省与伊朗的高层互访

国际交往与合作离不开顶层设计，高层互访既展示政策引领，也为合作架起坚实的桥梁。2015 年 12 月上旬，伊朗霍尔木兹省副省长率团访浙，到浙江交工集团、杭州在建地铁和已建成的杭州湾跨海大桥进行实地考察。2016 年 5 月下旬，由中国贸促会和浙江省贸促会共同派员组成的中国经贸代表团访问伊朗，同年 6 月，伊朗铁路公司代表团一行访问义乌。2018 年 6 月，伊朗内沙布尔大学校长一行访问浙江工业大学。2020 年 11 月，伊朗官方代表团参加第三届浙江（温州）进口消费品博览会，并赴永嘉进行访问，访问期间表达了借参访进一步推动两地文化交流合作的愿望。2020 年 11 月，宁波市外办和市贸促会联合举行与伊朗阿巴斯港商会的视频会议，以推动双方开启经贸合作。2021 年 10 月，宁波市贸促会与伊朗阿巴斯港商会通过线上方式签订了经贸合作谅解备忘录，以促进伊朗与宁波企业合作，提升伊朗企业在宁波贸易投资便利化水平。2022 年 9 月，伊朗派员参加在钱江新城举办的第五届杭州国际日开幕式。

（二）浙江省与伊朗的贸易合作

新时代开启之际，伊朗一度成浙江义乌小商品出口最大目的国。2011 年义乌向伊朗出口小商品额 8.4 亿美元，同比增长 39.9%，出口货运量 68.8 万吨，同比增长约 6.3%。2012 年，受西方对伊朗核制裁的影响，义乌小商品向伊朗的出口略有下滑。进入 2013 年以后，随着中东形势向好，义乌小商品对中东出口呈快速增长势头。在第一季度，义乌向伊朗出口小商品总额为 1.8 亿美元，同比增长 65.7%，伊朗成为义乌小商品出口的最大目的国。据义乌海关统计，2015 年，伊朗是义乌第五大出口贸易国，义乌出口伊朗的集装箱达 1.8 万标箱。2016 年 1 月 28 日，"义乌—德黑兰"首趟国际货运班列从义乌火车西站启程。这是首列开往中东地区的铁路国际集装箱货运班列，也是继中欧班列、中亚班列后，义乌又一趟驶向共建"一带一路"国家的新丝路"直通车"。此时，往来义乌的伊朗客商超过 2 万人，已投资设立 180 多家外资企业。为保证新形势下浙江省与相关国家贸易往来的顺畅，义乌政府牵头成立"一带一路"法律服务研究中心。2016 年夏，为保障伊朗籍市场经营户在浙江顺利经商，义乌市司法局以中伊贸易政策比较研究和典型案例分析的形式，编印法律服务手册，方便伊朗商人在华从事商贸活动。

2016 年 8 月 9—12 日，浙江远大国际会展有限公司在德黑兰组织伊朗国际建材及建筑机械展。2017 年 10 月 6—9 日，由浙江省商务厅主办，浙江远大国际会展有限公司承办的第二届浙江出口商品（伊朗）交易会在伊朗德黑兰国际展览中心成功举办，是中国单个省份在海外以机械、五金等为主题的规模最大的展会，为推进"品质浙货，行销天下"工程、打造浙江省在"一带一路"共建国家伊朗站的展示平台、拓展伊朗市场提供了新的商机。

据杭州海关统计，2016 年 1—9 月，绍兴对伊朗累计出口金额同比增长17.2%。2017 年上半年，浙江对伊朗进出口同比增长 34.6%，远远超过中国对伊朗的同比增长值 19.5%，及其对共建"一带一路"国家的同比增长值 18.1%。[①]

2017 年 3 月 23 日，伊朗航运船公司的"吐司"号轮船停泊在浙江省舟山大浦口码头，标志着舟山大浦口码头"一带一路"中东航线开拓了新航路——"伊朗中东线"。航线开通后，大浦口码头通往中东方向的航线增至 2 条。

2018 年 6 月 9 日，宁波进口商品中心 10 号馆的三楼伊朗馆举行了开馆仪式，在约 240 平方米的展厅里，设置了食品、地毯和挂毯、能源矿产、工艺品、文化旅游等 5 个展区，主营地毯、开心果、椰枣、瓜子、干果、鱼子酱、蜂蜜、蛋糕等，为广大国人近距离了解伊朗、足不出户品尝伊朗美食打开了一扇窗。这是伊朗特色商品进入中国市场的国家级实体平台，也是促进中伊经贸、投资、工业、文化交流合作的高端平台，更是中国企业投资伊朗的一站式服务平台。这是宁波保税区扩大与共建"一带一路"国家经贸合作的又一重大成果。另据统计，2021 年 1—8 月，宁波对伊朗进出口额约为 11.1 亿美元，同比增长近 1 倍，进口商品主要有初级的塑料、原油、钢坯及粗锻件等，出口商品主要为纺织纱线、织物及制品、电动机、发电机及汽车零配件等。伊朗也积极在宁波投资，截至 2021 年 8 月底，伊朗在宁波累计批准项目 56 个，合同外资 1270 万美元，同比均增长 10%，投资的主要行业有涂料制造、国际贸易和商务咨询等。

<hr>

① 上半年浙江省进出口总值同比增长 19.5% 民企担当外贸增长基石. 杭州日报，2017-07-20.

（三）浙江省与伊朗的技术合作

2012 年 6 月，浙江农业科学家傅向东宣布其研究团队的最新成果，他发现了一个来自伊朗水稻品种的新变异类型，并已通过遗传杂交方式，组合成一个新的水稻品种，既可以提高水稻的品质，也可以提高产量。他们正与位于杭州的中国水稻研究所一起开展进一步研究。

2015 年 2 月 9 日，由浙江泰来环保科技有限公司承建的伊朗首座垃圾焚烧发电厂在德黑兰市投产。凭借该项目，泰来环保顺利打开了伊朗垃圾焚烧发电市场，在当地承接了 18 个垃圾焚烧处理项目，累计金额达 2.5 亿美元，占伊朗全国市场份额的 1/3 以上。

2016 年，杭州福斯达深冷装备股份有限公司与伊朗签订 3 套 8 万级空分项目协议，金额达上亿美元。2017 年，福斯达与伊朗又达成了几个超亿元项目的合作意向。2017 年 8 月，全球最大的天然气制甲醇项目——伊朗卡维集团的两台 12 万立方米/小时特大型空分设备并网运行成功，该项目由杭州汽轮机股份有限公司负责组装，为此该公司专门成立团队，派遣经验丰富的技术人才和安装调试人员赶赴伊朗现场，最后按工期保质保量完成合同任务。

（四）浙江省与伊朗人文交流合作

电影合作加快了百姓对友邦的认知。2013 年 11 月，浙江大学外语学院举办伊朗电影节，展映了包括获奥斯卡最佳外语片殊荣的《一次别离》在内的 7 部伊朗电影，并特邀伊朗驻沪总领事馆文化专员默赫达德·拉赫山德先生等嘉宾出席电影节开幕式。2017 年初，侯赛因汉丹为纪念伊朗著名导演阿巴斯而拍摄的电影《等待阿巴斯》在宁波完成拍摄。他说，中伊在文化上有很多相通之处，选择在中国拍摄这样一部影片也是基于文化认同。2022 年 11 月，由浙江省电影放映协会指导，大地影院集团主办的 2022 伊朗电影大师展在杭州开幕。

2018 年 10 月，在杭州举办的全球水博物馆网络代表座谈会上，中国水利博物馆与伊朗亚兹德水博物馆签订战略合作协议。双方围绕共建"一带一路"合作倡议，就坎儿井水利遗产调查、水文明之路研究、水文化文物复制等课题深入开展交流合作。2019 年 11 月，来自伊朗国家博物馆等 6 个国家和地区的 11 家文博机构的 100 件/套青瓷名贵珍品在杭州展出。

2022 年新年伊始，2022 亚运会"智能亚运一站通"活动让人们感受到德黑兰的古往今来和风土人情。活动设置了文博线、伊朗民族纪念线和伊朗王宫线三条线路，分别将观众带入伊朗国家博物馆、德黑兰现代艺术博物馆等博物馆、自由塔，以及萨德阿巴德王宫和古列斯坦王宫。表 2 展示了 2015—2019 年浙江省与伊朗的旅游合作情况，有关这一时期的游客统计如下。

表 2 2015—2019 年浙伊朗游客统计

年份	2015	2016	2017	2018	2019
人次/万	2.9	4.1	5.0	2.3	2.6
同比增长/%	26.6	39.9	12.3	−38.1	11.4

数据来源：浙江省人民政府省文化和旅游厅网站.

三、浙江省与伊朗深化合作的机遇与挑战

浙江省与伊朗的多领域合作是中国同伊朗友好关系的重要缩影和典型代表。同时不容忽视的是，在百年未有之大变局和中伊建立全面战略合作伙伴关系的视域下看浙江省与伊朗的合作，机遇与挑战并存。

（一）浙江省与伊朗深化合作的机遇

浙江省与伊朗在数字经济方面的合作前景广阔。随着伊朗正式成为上海合作组织成员国，浙江省与伊朗的合作遇到了前所未有的机遇。2022 年 9 月，为扩大数字素养领域合作以适应数字全球化时代世界经济发展趋势，成员国通过了《上合组织成员国授权部门数字素养发展合作纲要》《上合组织成员国保障国际信息安全 2022—2023 年合作计划》等文件。在新的历史时期，网络环境越来越复杂，对于网络基础设施建设和技术水平的要求随之提高，这无疑为总部设在中国浙江省的互联网企业发挥自身技术优势、加强与伊朗的合作提供了广阔空间。

伊朗基建与采矿业为浙江省与伊朗的合作提供了新的空间。未来 10 年是伊朗基础设施建设大发展的 10 年，为此，伊朗政府制定了引进外资的 10 年免税政策。在中国经济转型的过程中，先富起来的浙江省有大量剩余资金和技术，两者合作既可在互联互通中实现自身的良性发展，也可以造福于伊朗人民。

浙江省与伊朗的教育合作前景广阔。不论上合组织框架下的留学生培养计划，还是中国教育交流计划，都为浙江省与伊朗的教育合作提供了机遇。浙江省一向重视文化交流，教育资源丰富，有着国内少有的得天独厚的自然、人文

条件，有实力强劲的浙江大学、非常有特色的宁波诺丁汉大学，可为更多的伊朗青年提供到中国进行实地考察学习的机会，并可开发更多的短、中、长期交流项目，这是影响中伊未来关系发展的长远大计。

（二）浙江省与伊朗加强合作面临的挑战

2013 年 9 月，世界经济论坛发布的《2013—2014 年全球竞争力报告》显示，在全球最具竞争力的 148 个国家和地区中，伊朗竞争力指数排名第 82 位，总分 4.1。报告列举的影响伊朗竞争力的几大因素分别是：政策不稳、外汇管制、融资困难、通胀严重、政府低效和基础设施差等。[1] 在中国学者看来，融资困难排在首位。[2] 伊朗经济长期处于"三高三低"的状态，即高通胀率、高失业率、高生活成本，低增长、低外来投资、低私人投资。[3] 截至 2018 年，伊朗共推出 6 个"五年计划"，但完成率均未过半。外资很难实现长期获利。

许多在伊朗的中企人员反映，伊朗的合作伙伴似乎没有"机会成本"概念，有些伊朗合作伙伴存在缺乏契约精神、不按合同办事的行为。伊朗国内政策法律法规不完善，存在彼此矛盾、滞后、模糊、不健全等问题。中国石油企业与伊方合作，按规定可以享受税收优惠，但伊朗税务部门依然按时收钱。有中企反映，他们遇到的伊朗合作方缺乏合作共赢意识。[4] 还有，根据伊朗政府规定，在外资企业里，外国员工与伊朗本地员工的比例至少应达到 1 : 3，部分省份对雇用本地员工的比例要求更高。企业付款周期长，存在结汇难等问题。这些都加重了企业的成本负担。[5] 此外还有伊朗的工作节奏与效率与国内相比要缓慢等问题。

四、浙江省与伊朗深化合作的未来展望

中国与伊朗有着惊人的相似之处。双方皆为世界上为数不多的文明没有中断的文明古国，中国学者陆瑾女士曾说："中国和伊朗是传统友好国家，两国之间以古代丝绸之路为纽带的互动为人类文明进步做出了巨大贡献。"[6] 十多年

① 苏欣，李福泉. 中国与伊朗石油合作探析. 西安石油大学学报（社会科学版），2015（3）：20-28.
② 姜英梅. 中国—伊朗金融合作研究与展望——基于"一带一路"的视角. 国际经济合作，2017（5）：20-25.
③ 方正，周睿杰. 中国同伊朗产能合作前瞻. 中国经贸导刊，2017（18）：30-33.
④ 储殷. 中国企业在伊朗：苦辣辛酸唯自知. 世界知识，2018（11）：75.
⑤ 袁剑琴. 中伊合作助力经济发展和能源安全. 中国金融，2022（16）：91-92.
⑥ 陆瑾. 历史与现实视阈下的中伊合作：基于伊朗人对"一带一路"认知的解读. 西亚非洲，2015（6）：53-69.

来，中伊合作在新的历史起点再创辉煌，为人类文明交往给予了新的诠释和注脚，谱写着人类发展新的华章。中伊高度的相似性不是用"共同利益"所能轻易代替的，这是数千年两个民族在人类发展中修炼而来的，是在不自觉中形成的共识。中伊合作既有外部的影响，也有彼此吸引、各自内部的成长需要的因素。在新时代，这些因素将有助于把中国及浙江省同伊朗的合作提升至更高水平。

中国（浙江）与伊朗的合作需要站在一定的高度去审视，双方与第三方的合作也要有一定水平的站位，这样才能真正做到不负历史，不负人民。不管与哪个国家合作，中国始终是友善的合作者。我们首先提炼自身的文化，然后再走进伊朗，走向世界。伟大的时代用机遇和挑战成就伟大的人民，具有远见、智慧、勤劳、拼搏精神的浙江人民在中伊未来合作中一定能够交出更完美的答卷。

浙江省与以色列合作发展报告

王 昕

摘 要：中国与以色列建交30多年以来，双方平等相待、相互理解和尊重，在经济方面实现互利共赢、成果丰硕；在人文交流方面，加深了相互了解。2013年中国提出"一带一路"倡议后，两国合作关系加速发展，2017年双方又进一步升级建立"创新全面伙伴关系"，开启两国合作发展新方向。本研究报告充分利用国际组织和国家公开数据源资料，探究中国与以色列合作发展现状，尤其是共建"一带一路"背景下浙江省与以色列合作发展近况，并提出浙江省利用自身优势发展对以色列创新合作的策略建议。

关键词：浙江省；以色列；中国；创新发展

作者简介：王昕，文学博士，国防科技大学外国语学院教授。

以色列位于亚非欧三大洲交界处，西临地中海，北接黎巴嫩，南濒亚喀巴湾，东邻约旦和叙利亚。该国水资源和其他自然资源都比较贫乏，主要资源是死海中的钾、镁和溴等矿物质。以色列属于工业发达国家，在2012年至2021年这10年间，其GDP总量由2622.8亿美元增长至4885.3亿美元，年均增长率为8.6%，2021年人均GDP高达4.1万美元，2021年度人类发展指数（HDI）为0.9，排名第22，被列为"极高人类发展水平"国家之列，其生活水平高于许多西方国家。①以色列的经济是高度发达的自由市场经济，国家经济以科技和金融产业为支撑。以色列经济属于混合型经济，工业化程度较高，以知识密集型产业为主，农业、生化、电子、军工等部门技术水平较高。以色列总体经

---

① 数据来源：GDP数据来自世界银行数据库（https://data.worldbank.org）；进出口贸易数据来自联合国国际贸易数据库（https://comtradeplus.un.org/）；人类发展指数来自联合国2022年度HDI报告（https://hdr.undp.org）。文内相关数据统计截至2023年1月。

济实力较强，竞争力居世界前列。

中国于 1992 年同以色列建交后，两国在各个领域的交流与合作步入快速发展轨道。特别是在中国"一带一路"倡议提出后，以色列积极响应并参与建设，两国于 2016 年正式启动自贸协定谈判，2017 年宣布建立"创新全面伙伴关系"[①]，其内容包括共建创新合作平台，以创新引领科技、农业、教育等领域的合作，以及共建"一带一路"的广泛合作。在两国政府的大力推动和工商界的共同努力下，双边关系日新月异，大步向前发展，在贸易投资、产业合作、技术交流、人文合作等各个方面取得了显著成果。本文通过文献研究梳理了中以合作发展的历程与脉络，在分析经贸领域双边各类指标和数据的基础上，探讨当前中以发展面临的主要挑战，并在此基础上分析浙江省拓宽与以色列合作的路径。

一、浙江省与以色列合作背景

（一）中国与以色列关系发展情况

中国同以色列在促进双方多领域合作方面观念契合，为促进彼此共同发展带来助力。首先，中以经贸、文化合作迅速发展。两国至今已签署《贸易、投资保护协定》《避免双重征税协定》《文化交流协定》《中华人民共和国政府和以色列国政府民用航空运输协定》《劳务输出协议》《体育合作备忘录》《教育合作协议》《旅游合作协定》《邮电通信合作协议》《工业技术研发框架协议》等多类型合作协议。随着双方贸易关系越来越紧密，2016 年 3 月中以宣布启动自由贸易区谈判并已取得重要进展。其次，农业创新合作深入发展。中以两国的农业部门多次进行互访，推动农业企业合作的对接。双方在北京、山东、云南、甘肃、内蒙古等多地建立了农业科技示范合作基地，设立了"中以农业科研基金"。再次，文化、教育交流频繁。根据中以两国文化合作协定，双方在文化、艺术、文物、电影、电视、文学和教育等领域的交流与合作取得了长足发展，例如双方留学生数量不断提高，书籍译介工作积极展开，这些都极大地推动了双方的文化、教育交流。

需要指出的是，"一带一路"倡议的提出为新时期中国与中东国家合作指

---

① 中华人民共和国和以色列国关于建立创新全面伙伴关系的联合声明. (2017-03-21) [2023-05-10]. https://news.cctv.com/2017/03/21/ARTIXYVWdi58NyxZ7W9sUfwA170321.shtml.

明了新方向并规划了合作新路径。以色列积极响应并参与对华合作，很快成为双边互利合作的典范。

（二）浙江省与以色列的合作定位

浙江省是我国外贸出口大省，其经济的突出特色是民营企业发达，以出口导向型为主体。自"一带一路"倡议提出以来，共建国家与中国的经贸合作与相互投资关系越来越紧密，对于外贸大省浙江的外向型企业而言，必然带来广阔的市场空间。浙江省民营外贸企业进出口总值占全省进出口总值的七成以上，成为浙江省外贸的"绝对主力"，民营外贸企业的特点是市场敏锐性强，转型灵活，市场适应性强，浙江省的传统出口优势产品以机电产品和纺织产品等劳动密集型产品为主，高新技术产品和自主品牌类型少。以色列经济是典型的自由经济体制，其经济主体是私营科创企业，国家经济发展严重依赖国际市场，属于技术密集型和资本密集型经济发展模式。以色列私营企业规模不大，但技术先进，通常具有独到的专利技术，用以对传统经营领域升级改造而实现利益最大化，如以色列在工业节水、水循环利用、新农业发展、环保科技、医疗技术等方面具有世界领先的技术，而浙江省具有良好的工业基础设施和经济实力，省内优秀企业可以通过融资、购买专利技术、合作开发等模式，将以方设计的产品在浙江实现量产，进而推销到全中国市场和国际大市场，从而实现双赢目的。

中国与以色列的进口和出口相互依存度都较高，尤其是"一带一路"倡议提出后，以色列对中国出口贸易的依存度逐年上升，以色列是中国化工产品、机电产品、新农业技术的供给中心，而中国对以色列的出口商品种类繁多，包括日用产品、家电产品、纺织服装等，涵盖面较广。这种密切的经贸关系为建立中以自贸区奠定了良好的经济基础。浙江省作为长三角经济圈重要发展引擎，应抓住中以合作动力增强的有利契机，在构建自贸区谈判中发挥积极作用，从而推动双方贸易向高质量和高效益方向发展。

二、"一带一路"背景下中国（浙江省）与以色列经贸合作情况

在中国推行"一带一路"倡议后，中以两国经贸往来与友好合作不断深化，两国经济方面实现互利共赢、成果丰硕，人文交流方面互动频繁、不断加深了解。在国内国际双循环的大格局下，浙江省作为中国特色社会主义省域层

面的代表与先行区，在深入打造"一带一路"重要枢纽的过程中，认真落实"一带一路"建设各项决策部署，融合推进"八八战略"的务实理念与开放精神。浙江省与以色列在经贸、投资、技术以及人文等领域不断深化合作，便是浙江省加快推进参与国际竞争与合作的具体体现。

（一）双边贸易保持增长态势

根据联合国国际贸易数据库统计，从 2012 年至 2021 年，中以双边贸易额总体上保持着持续快速增长的态势。双边贸易额从 2012 年的 99.1 亿美元增长到 2021 年的 228.4 亿美元，净增 129.3 亿美元，年均增长率高达 9.2%。其中，中国向以色列出口额从 2012 年的 69.9 亿美元增长到 2021 年的 153 亿美元，年均增长率约 9%，中国从以色列进口额从 2012 年 29.2 亿美元增长到 2021 年的 75.4 亿美元，年均增长率为 10.2%。需要指出的是，在 2017 年中以正式建立"创新全面伙伴关系"后，两国贸易发展进一步提速，2019 年中国成为以色列的全球第三大贸易国，到 2021 年，中国已经跃居成为以色列的全球第二、亚洲第一大贸易伙伴国。

在长期发展中，中国和以色列在产业结构和工业体系方面存在良好贸易互补性，这也为中以之间的贸易往来打下了坚实的基础。随着中国产业结构不断升级，在双边贸易规模不断扩大的同时，中以之间的贸易产品从食品、化工、钻石等传统产品，不断向高科技、现代医药、生物技术、新能源等方向转变，贸易结构也在不断优化，产品结构趋于多元化。根据联合国统计数据，中国对以色列主要出口商品有机电产品、纺织品、服装、家具、鞋类、陶瓷制品等。中国从以色列进口商品除钾肥外，均为高技术产品，主要有机电产品、医疗仪器及器械、电讯产品等。根据联合国数据统计，2021 年，中国从以色列进口量最多的是机械及运输设备类的高技术产品。

（二）相互投资合作日趋多样化

中国对以色列投资规模不断扩大。以色列高科技产业在世界上占据领先地位，拥有大批初创企业，创新成果众多，中国在以色列投资多为回报率高的高新产业。1992—2021 年，中国在以色列的绝大部分投资和并购集中于高科技领域，合计 449 笔交易，总价值约 91.4 亿美元，其中投资最多的是生命科学领域的公司，包括医疗技术、生物技术、生物化学和制药。此外，还包括软件开发和 IT 公司的投资、对互联网领域、通信以及芯片和半导体的投资等。以色列对中国投资则主要集中在现代农业、电子信息等产业。近年来，以色列对中国的投资发展迅速，累计对华投资超过 4 亿美元。

在共建"一带一路"深入推进的背景下，浙江省与以色列已在科技领域开展了联合研究和技术转移工作，并取得不错成效。如在新能源领域，浙江三花股份有限公司成为以色列海利福克斯有限公司（HelioFocus）第二大股东，也是中国第一个直接向以色列投资的企业，早在 2012 年，该企业就在以色列国家工业园建立了全球第一个太阳能碟式光热发电项目示范系统。同时，浙江传化集团与以色列希什蒂尔公司（Hishtill）、希林公司（S.P.Slin）签署合作协议，实施共建国际农业孵化器项目，成为浙江省首个国际农业孵化器，取得良好成效。① 截至 2020 年，以色列在浙江省共投资设立 102 家企业，投资 5708 万美元，主要集中在通信技术、工业自动化、电力电子元器件制造、高端精密制造、农业科技等领域，为浙江省经济发展做出了重大贡献。②

（三）工程承包与劳务合作成果丰硕

中国和以色列在工程承包和劳务方面的合作也取得了丰硕成果。2017 年，双方签署《中华人民共和国商务部和以色列国内政部关于招募中国工人在以色列国特定行业短期工作的协议》。2014 年以来，中国企业积极参与"一带一路"建设，参与以色列铁路、公路、港口、市政工程等项目的招标与建设，充分发挥自身的工程建设优势，发展迅速。中国企业在以色列承包了许多大型基础设施工程项目，主要包括卡迈尔隧道、吉隆铁路隧道、阿什杜德新港、海法湾新港、特拉维夫红线轻轨及绿线地铁等。截至 2022 年底，中资企业在以色列承建的大型承包工程项目主要包括：中国土木工程集团有限公司承建特拉维夫红线轻轨东标段及卡利巴车站项目、中铁隧道局集团有限公司承建特拉维夫红线轻轨西标段项目、泛地中海工程有限公司承建阿什杜德港项目、中国水电建设集团国际工程有限公司承建克卡夫·哈亚邓抽水蓄能电站项目等。这些工程项目的承建不仅使中国企业卓越的建设能力得到展现，也将极大地促进以色列经济和社会发展。

---

① 晓洲. 浙江与以色列将在科技领域开展广泛合作. 今日科技，2014（2）：34.
② "云"上稳外资，38 家以色列企业与浙江开启云洽谈. (2020-04-18) [2023-05-17]. http://zjnews.china.com.cn/yuanchuan/2020-04-18/222836.html.

（四）技术创新领域合作日益深化

2017 年 3 月，中国与以色列正式建立"创新全面伙伴关系"，明确强调"双方同意继续在中以创新合作联委会机制下开展创新合作，加强两国在青年科技人员交流计划、联合实验室、国际技术转移中心、创新园区、创新合作中心等民用领域的务实合作，探索一条从研发、转化到产业，从创新到创业的合作新模式，搭建一系列创新创业的合作平台。"①

中以两国在科技创新领域的合作产生了丰富成果。首先是共建创新合作平台，自 2015 年中以创新合作联委会成立后，创新平台数量逐年增加。其次，中以科研合作强度不断增长。两国合作发表论文数量和质量总体都有提高，其学科规范化引文影响力指标（3.49）甚至高于以色列与美国的合作（1.97）。再次，创新引领农业合作，高科技含量不断提高。双方的交流合作不仅涵盖传统的节水、抗旱、育种、防虫等领域，还涉及大数据、物联网等高新技术在农业中的应用。两国还在气候问题、荒漠化治理、水资源开发与利用等与农业问题密切相关的全球性问题上展开合作。②

2014 年，浙江省与以色列经济部签署《浙江省人民政府与以色列国政府科技与产业合作协议谅解备忘录》，这是一项针对以色列公司与浙江省内公司之间科技研发项目的合作协议。该协议促进了浙江省与以色列经济技术合作逐步走实拓深，以浙江省战略发展领域对接以色列科技创新资源，努力将浙江省打造成为以色列科技成果转化基地和中以科技创新合作重要平台，在浙江省产业升级改造和深化中以高技术产业合作中发挥重要作用。2017 年，阿里巴巴收购了二维码初创企业唯视丽有限公司（Visualead Ltd），并投资了包括汽车计算机视觉初创企业尼卡尔有限公司（Nexar Ltd）、数据分析初创企业 SQream Technologies 在内的数家以色列初创企业，并于 2019 年收购了以色列增强现实公司（InfinityAR）③。2020 年 4 月，为充分发挥以色列科技创新优势，与位于浙江省杭州市余杭区的中国—以色列产业国际合作园进行对接洽谈，推动与以色列产业项目投资合作。活动共吸引了 38 家以色列企业与浙江省相关经济技术

① 中华人民共和国和以色列国关于建立创新全面伙伴关系的联合声明. (2017-03-21) [2023-05-10]. https://news.cctv.com/2017/03/21/ARTIXYVWdi58NyxZ7W9sUfwA170321.shtml.

② 刘中民、王利莘. 中国与以色列关系的历史回顾及影响因素分析——纪念中国与以色列建交 30 周年. 国际关系研究，2022（5）：63.

③ 阿里巴巴收购以色列 AR 初创公司 InfinityAR. (2019-03-25) [2023-05-17]. https://www.guancha.cn/industry-science/2019_03_25_494900.shtml.

开发区、投促机构及 20 多家意向合作企业参加。①

三、浙江省与以色列合作的机遇与制约因素

（一）浙江省与以色列加强合作的机遇

"一带一路"倡议符合以色列国家利益，为浙江省与以色列共赢合作助力。以色列为共建"一带一路"的重要节点国家，中以双方在"五通"②领域，特别是基础设施建设领域合作成绩亮眼，以色列已成为中国在中东推进"一带一路"建设的重要伙伴。中国"十四五"发展规划正在全面布局创新驱动发展战略，大量传统制造业需要先进的技术和全新的科研理念来进行改造，以推动"中国制造"向"中国创造"转变，适应未来世界经济形势发展的需要。以色列被誉为"创新型国家"，在创新领域具有明显优势，其科技活力和创新能力在多个世界权威榜单中长期位居前列。以色列的先进技术不仅可以为中国传统工业的转型提供帮助，还有望为中国解决因工业化带来的人口、资源和环境等问题提供宝贵经验。对于以色列而言，与中国的合作有利于实现以色列的利益目标。以色列拥有大量的技术专业人才，由于自身国土面积的不足，加上以色列国内人口数量偏低，无法为其提供广阔的平台，创新产业发展受限，因此寻求国外的市场是其必然选择，中国是其理想投资目的国。

浙江是民营经济大省，民营企业是对外投资的生力军和对外贸易的主力军。截至 2022 年，浙江货物出口 3.4 万亿元（约合 5448 亿美元），占全国出口额的 14.3%，其中民营企业出口额占全省出口额的 82%，浙江民营企业投资额占全省对外投资总额的 98% 以上。③浙江充分发挥民营企业体制机制灵活、产业链完备的优势，坚持"企业为主体，市场为导向，政府作引导"的原则，不断推进境外合作区的建设，取得了良好成效。至 2022 年，浙江省拥有 4 家国家级境外经贸合作区，14 家省级境外经贸合作区，其中在签订《区域全面经济伙伴关系协定》（RCEP）的国家中有 7 家。在区域布局上，浙江省境外经贸合作区形成了贯穿"一带一路"共建国家，兼顾欧美的境外经贸合作区新

---

① "云"上稳外资，38 家以色列企业与浙江开启云洽谈. (2020-04-18) [2023-05-17]. http://zjnews.china.com.cn/yuanchuan/2020-04-18/222836.html.
② 指"政策沟通、设施联通、贸易畅通、资金融通、民心相通"。
③ 根据 2022 年度中国国家统计局（https://www.stats.gov.cn/）和浙江省统计局（http://tjj.zj.gov.cn/）数据整理计算。

格局；园区类型囊括加工制造、商贸物流、科技研发等商务部认定的全部 6 种类型，继续走在全国前列。但在中东地区战略布局上，浙江尚未建立国家级经贸合作区，在省级经贸合作区中也仅有阿联酋迪拜义乌中国小商品城一家。基于中东区域的广袤发展空间和浙江省优越的地理优势、人才优势，选取以色列为突破口，双方以创新发展为合作主题还是很有前景的。同时，推动"一带一路"发展建设是新时代中国式现代化发展战略和推动构建人类命运共同体的宏大愿景，也是作为中国龙头省份的浙江省进一步对外开放的工作重点。浙江省是"一带一路"建设的重要枢纽，深化与共建国家的经贸关系既为浙江外贸出口和开拓新市场找到新的渠道，也为浙江外贸产业转型升级创造了条件。浙江省与以色列借助"一带一路"发展契机，通过产业互补、拓宽渠道、升级换代等措施，可以实现互利共赢。

同时，创新发展理念为浙江省与以色列合作发展带来新空间。创新发展是中国式现代化发展的引擎，也是未来中国可持续性发展的必然选择，在对外交往发展中，拓展创新发展领域也是中国对外合作的重心。以色列虽然人口仅千万左右，面积不足 3 万平方公里，但凭借人才素质优势一直是全球创新能力领先国家，中以早在 2014 年建立了中以创新合作委员会机制，2017 年又正式建立"创新全面伙伴关系"，从而推动两国创新合作迈向新高度。浙江省是中国创新发展示范区之一，绿色环保、电子商务、新材料、装备制造是浙江省未来创新发展的重要领域。以绿色环保产业为例，浙江省是中国绿色环保产业示范区之一，而以色列通过加入中国发起成立的"一带一路"绿色发展国际联盟，积极拓展与中国相关省份合作关系，在污水处理再利用和清洁能源技术等方面，以色列凭借自身技术创新优势开展与浙江省的产业合作，并取得积极成效。此外，浙江省内的阿里巴巴集团旗下的支付宝也已在以色列开通支付业务，促成双方在电子商务领域的便捷支付。以色列拥有先进的技术和人才优势，这些都为浙江省开拓与以色列深化合作带来良好空间和新机遇。

（二）浙江省同以色列开展合作的制约因素

不可否认，浙江省与以色列的合作发展既存在不少有利因素，也面临一些消极因素的制约。

其中企业文化因素的影响是主要因素之一。以色列境内因市场小，竞争压力大，企业通常规模不大，人数也不多。大多数以色列企业多为创业型企业，在对外合作中，擅长采取技术转让形式的合作模式，一旦通过风险投资取得收益后，以方就不愿意做大做强，反而将企业转卖或技术售出，将财富变现后转移到其他项目的孵化上，这种规避巨额投资风险的行为是以色列企业文化使然，由此也会造成在项目合作中，我方投资数量巨大，承担风险较大，一旦项目失败，必然承担更多损失。

同时，在双边研发合作中，双方需要就知识产权、产品工艺的商业化达成一致，这可能涉及复杂的法律和规则问题，增加了合作的复杂性和不确定性。另外，虽然有资金支持机制，但项目的实施需要符合双方的法律、规则和程序，这可能限制了项目的灵活性和效率。再者，中以两国在文化、商业习惯和合作模式上存在差异，这可能影响双方的合作效率和深度，例如以色列企业可能更注重创新和技术优势，而中国企业则可能更关注市场和产业链的整合。

总的来说，浙江省与以色列合作虽有一些挑战和制约因素，但在中以关系总体良性发展趋势之下，浙江省与以色列的合作发展也一定会取得更大的成就。

四、浙江省与以色列加强合作的对策建议

浙江省是中国长江三角洲区域一体化发展的重要一方，是推动高质量发展、建设现代化经济体系、促进区域一体化发展方面的排头兵。浙江省和以色列的合作已经有一定基础，但在深度与广度还有待拓展，浙江省可以抓紧有利时机，加强各种渠道的接触，抢占对以合作先机，深化对以合作，争取在创新合作领域成为国内对以经济技术合作的主要省份。基于此，双方可以在以下六方面深化彼此合作。

第一，密切双方互动交流。浙江方面可积极邀请以色列工商界友人来浙江考察交流，同时推进浙江省赴以色列招商考察活动，广交朋友，促进互信。通过发挥长三角一体化先天优势，通过建立友好城市、设立浙江以色列文化周等活动平台，深化双边经贸、科技、文化、艺术等领域的交流。

第二，深入实施双方创新合作发展战略。发挥浙江省技术人才优势，加强与以色列科创企业深度合作。当前中国正处于产业转型升级的关键时刻，如果没有新技术的输入，没有关键核心技术的突破，转型升级都是一句空话。以色列拥有中国急需的新技术，而且是可能并愿意和我国合作的发达国家。以色列高新技术产业发达，在电子、医疗器械、通信、生物技术工程、计算机软件、

农业以及航空等方面拥有先进的技术和优势，世界科技巨头英特尔、IBM、微软、惠普、雅虎、谷歌等，在以色列都有研发中心。走"科创+产业"道路，促进浙江省创新链与产业链深度融合，打造双方科创联合中心建设，聚力浙江省产业升级和实体经济发展，可以为长三角一体化高质量发展注入强劲动能。

第三，举办双方创新合作论坛。应在中以创新合作委员会机制指导下，深化浙江省与以色列的创新战略对接，推动以色列创新经验和技术与浙江省内企业创新发展战略相融合；双方可以定期举办经济技术和创新合作论坛，确定不同主题，定期分别在以色列城市或者浙江省内城市举办，通过论坛，促进交往，形成共识，推动项目合作。

第四，加强民间经贸往来。浙江省民营企业优势明显，可以积极引导本地企业参与以色列领事馆组织的经贸交流活动，加强和以色列企业的经济往来和合作。组织浙江企业家赴以考察交流，组织浙江产品以色列展销会，加强浙江商品在以色列的销售。丰富旅游线路和资源，大力吸引以色列居民来浙旅游，促进双边旅游业的合作，活跃民间往来互动。通过多种交往形式建立跟以色列各界的广泛联系。

第五，吸引以色列商人来浙投资。发挥高校、研究智库优势，开展对以色列的系统研究，服务省内各级招商部门，搭建专门平台，充分了解以色列拥有国际竞争力的产业、技术、人才和资本，形成以色列研究的动态资料和信息库。在此基础上，科学实施对以色列招商引资。通过媒体、网络以及各种专业招商活动，进一步推广浙江形象，引进一批高技术、有实力的以色列企业来浙建厂兴业。

第六，设立合作研发机构。2014年，浙江省与以色列经济部签署《浙江省人民政府与以色列国政府科技与产业合作协议谅解备忘录》，这是一项针对以色列公司与浙江省内公司之间科技研发项目的合作协议。应立足该协议，推动浙江省内各高校、科研机构加强与以色列科研院所的合作，加强双边在大学教育、职业培训、科学研究方面的联系、交流和合作，扩大互派留学生、交换生、访问学者等人员往来，加强双边学术交流活动。以大学、重点研究机构、国家实验室、大型科技企业为平台，谋划设立与以色列实施合作创新的研究机构。引进以色列研发机构或人员，加强以色列先进技术的引进、转让和吸收，扩大双边在应用技术领域的合作。

浙江省与土耳其合作发展报告

姚凌葳

摘　要： 土耳其是共建"一带一路"的关键节点国家之一，其政府提出的"中间走廊"计划和中国的"一带一路"倡议在合作目标、领域等方面具有兼容性。近年来，在中土两国各领域合作不断深化的大背景下，浙江立足数字创新、贸易物流、产能合作、人文交流四大枢纽功能，持续推进与土耳其的合作。本报告从贸易往来、产能合作、人文交流等领域出发，梳理现有合作规模，分析双方合作的机遇与挑战，并为深化浙江省与土耳其多领域合作提出建议。

关键词： 浙江省；土耳其；合作；"一带一路"

作者简介： 姚凌葳，浙江外国语学院东方语言文化学院土耳其语系讲师，复旦大学国际关系与公共事务学院2023级在读博士研究生。

土耳其横跨欧亚大陆，扼守土耳其海峡，具有重要的地缘战略位置。土耳其现为世界第19大经济体，也是全球发展较快的国家之一。历史上，土耳其是亚洲古代丝绸之路的重要节点，而现在，更是共建"一带一路"的天然合作伙伴和关键节点国家。

中土两国于1971年建交。中国在改革开放初期就与土耳其签订了《中华人民共和国政府与土耳其共和国政府贸易议定书》和《中华人民共和国政府与土耳其共和国政府经济、工业和技术合作协定》，随后两国往来逐步增多。2010年两国建立了战略合作关系，双方在能源、交通等签署了多项协议。自"一带一路"倡议提出以来，中土两国高层互访频繁，合作机制不断完善，从而推动两国经贸合作不断迈入新高度。中国已经成为土耳其在亚洲最大、世界第二大贸易伙伴；中国对土耳其的直接投资已达50亿美元；中土贸易额在过去20年增长了30倍；2021年土耳其对中国的出口达到了历史最高水平。

一、浙江省与土耳其合作背景

（一）"中间走廊"计划和"土耳其梦"

土耳其自 20 世纪 90 年代早期就有建设当代丝绸之路的倡议。2008 年，土耳其联合阿塞拜疆、伊朗、格鲁吉亚、哈萨克斯坦和吉尔吉斯斯坦等国发起"丝绸之路和驿站计划"，通过简化和协调海关程序，促进边境口岸贸易便利化。①2015 年，土耳其政府正式提出"中间走廊"计划，该"走廊"从土耳其到格鲁吉亚和阿塞拜疆（铁路），在里海通过轮渡联通土库曼斯坦和哈萨克斯坦，进而联通其他中亚国家以及阿富汗和巴基斯坦，最终抵达中国。该倡议发挥了土耳其的"桥梁作用"，通过构建陆上交通基础设施，旨在建立一个跨欧亚区域性繁荣地带。②

2011—2012 年，土耳其提出一系列的未来发展展望，即"2023 百年愿景""2053 展望"和"2071 千年目标"，被概括为"土耳其梦"。其中"2023 百年愿景"最为具体，主要内容是在 2023 年建国 100 周年时成为经济总量世界前十的国家之一，在经济总量、人均收入、对外贸易、教育、医疗、交通基础设施、制造业以及航空、旅游、农业等诸多方面设定了一系列具体目标。③

（二）"一带一路"倡议和土耳其"中间走廊"对接

土耳其的"中间走廊"计划与中国的"一带一路"倡议在合作目标、合作领域方面具有兼容性。土耳其本就在首批参与共建"一带一路"的国家之列，而"中间走廊"计划以交通基础设施联通为纽带，提升区域间的贸易便利化、降低交易成本，符合"一带一路"倡导的"互联互通"精神和愿景。

2013 年，土耳其成为上海合作组织对话伙伴国，中土双方在联合国、二十国集团、上海合作组织等多边组织框架内加强合作。2015 年 10 月，中土双方签署了《关于"一带一路"倡议与"中间走廊"倡议对接的谅解备忘录》，为加强双边投资与经贸合作提供了指南与保障，围绕"一带一路"建设各领域的合作机制不断完善。在共建"一带一路"框架下，中土经贸合作的规模迅速增长、领域不断扩大、方式日益丰富，合作成果显著，很多合作项目已成为"一

---

① 王勇，希望，罗洋."一带一路"倡议下中国与土耳其的战略合作.西亚非洲，2015（6）：17.
② 兰顺正."中间走廊"，新的地缘经济概念.世界知识，2022（6）：2.
③ 昝涛.历史视野下的土耳其梦.西亚非洲，2016，（2）：69.

带一路"建设的代表性成果。①

（三）浙江省与土耳其合作的基本定位及总体进程

自"一带一路"倡议提出以来，浙江围绕"五通"，重点聚焦"一带一路"数字创新、贸易物流、产能合作、人文交流四大枢纽功能提升：通过加快建设全球数字贸易中心，打响数字创新引领的"浙江品牌"；发挥宁波舟山港、中欧班列（义新欧）优势，构筑贸易物流全球通达的"浙江通道"；成立浙江丝路产业投资基金，汇聚民企参与产能合作的"浙江力量"；打造"留学浙江"品牌、设立海外"丝路学院"，凝聚浙商浙侨力量，打造特色人文交流互鉴的"浙江窗口"。②浙江高质量打造"一带一路"重要枢纽，取得了一系列重大标志性成果。

浙江省与土耳其合作起步较早，经贸关系较为密切，合作领域广泛。2010年11月3日，浙江省与土耳其签订商务合作框架协议，进一步加强在经贸领域的合作。③"一带一路"倡议提出以来，浙江立足数字创新、贸易物流、产能合作、人文交流四大枢纽功能，持续推进与土耳其的合作。

二、浙江省与土耳其合作情况

（一）浙江省与土耳其贸易合作

贸易合作是中国"一带一路"建设以及中国同土耳其合作的重点内容。2016年，中国成为土耳其第二大贸易伙伴和第一大进口来源国。2021年，中土贸易额迎来爆发式增长，进出口总额为342.3亿美元，同比增长42.2%，其中出口额291.9亿美元，进口额50.4亿美元，同比分别增长43.5%和35.1%。2021年土耳其自中国进口的商品主要为机电产品、贱金属及制品、纺织品及原料、化工产品、家具、玩具、塑料橡胶制品、光学医疗仪器等，货物结构呈现"小集中、大分散"的特点。中国自土耳其进口的货物主要为矿产品、化工产品、纺织品及原料、贱金属及制品、机电产品等。中土贸易的最大特点是结构

---

① 邹志强."一带一路"背景下中国与土耳其的国际产能合作.西北民族大学学报（哲学社会科学版），2017（6）：9.

② 地方参与共建"一带一路"实践之八：浙江高质量打造"一带一路"重要枢纽. (2021-12-03) [2024-02-20]. https://www.ndrc.gov.cn/fggz/qykf/xxjc/202112/t20211230_1310980.html?code=&state=123.

③ 浙江与土耳其签订协议　进一步加强在经贸领域的合作. (2010-11-04) [2024-02-20]. http://www.zjgrrb.com/zjzgol/system/2010/11/04/012840167.shtml.

不平衡、互补性不强，中土间贸易逆差严重，该问题已经引起了两国政府的关注，中方鼓励土耳其向中国出口更多适合中国市场的产品。

浙江是外贸大省，2021年浙江省对土耳其出口货物总额为344.7亿元，同比增长22.1%，占浙江省总出口额的比重为1.1%。2022年，浙江省对土耳其出口商品总额为425.8亿元，占国内对土耳其出口总额的18.8%。[①]浙江自土耳其进口规模较小，主要商品有矿产品、贱金属及制品、羊毛和毛皮、榛子和其他坚果等。

浙江多角度发力，促进浙土贸易合作更加紧密。

一是通过基础设施联通助推贸易畅通。2022年6月，浙江圆通航空与土耳其航空成为战略合作伙伴，通过空空中转触达全球主要港口及市场，迅速扩大航点网络覆盖。利用土耳其航空的航网优势，圆通在华东、华南，乃至香港地区搭建了一个经由土耳其转往欧美、非洲、中东的经济便捷的国际航空线路，为更多的国内跨境电商、电子产品制造企业及综合贸易商等提供国际空运、电商小包、供应链物流等时效稳定、服务可靠、价格优惠的专项产品。[②]2022年9月30日，中欧班列南线通道新线路"义乌—卡德柯伊（土耳其）"铁海公联运班列首发，从义乌西站出发经新疆霍尔果斯口岸出境，铁路运输至哈萨克斯坦阿克套港后再经里海运输至伊朗安扎利港，最后通过公路运输至土耳其卡德柯伊口岸。[③]

二是通过线上线下展会拓展市场。2014年，浙江省自主举办首届"浙江出口商品（土耳其）交易会"，参展企业82家，累计成交（包括意向成交）5000多万美元。随后，由杭州市政府主办，市商务局及米奥兰特国际会展公司共同承办的中国（土耳其）贸易博览会每年如期举行，展会地点主要设在杭州和伊斯坦布尔。2020年，该展会以数字贸易展的创新形式成功举办，线上数字展会与线下实体展会相结合，搭载网展贸平台的MAX核心技术，依托外贸大数据和精准配对功能积极探索，成为商务部服贸司全国推广的首个案例。[④]

① 浙江省出口主要市场统计表. (2023-02-09) [2024-02-20]. http://www.zcom.gov.cn/col/col1385121/index.html?uid=4450235&pageNum=2.
② 圆通牵手土耳其航空　浙江航企沿着"一带一路"飞出去. (2022-07-04) [2024-02-20]. https://www.yidaiyilu.gov.cn/xwzx/dfdt/258530.htm.
③ 中欧班列"义乌—卡德柯伊（土耳其）"铁海公联运班列首发. (2022-10-01) [2024-02-20]. https://www.yidaiyilu.gov.cn/info/iList.jsp?tm_id=126&cat_id=10004&info_id=281295.
④ "海外杭州"土耳其展推动共建"一带一路"走深走实. (2020-06-09) [2024-02-20]. http://tradeinservices.mofcom.gov.cn/article/news/gnxw/202006/105806.html.

三是依托跨境电子商务拓展渠道。浙江已率先实现跨境电商综试区全覆盖，2021年跨境电商进出口总额占全国16%。2019年，阿里巴巴收购的土耳其电商平台Trendyol正式入驻速卖通，24小时内便迎来全球58个国家的消费者下单。

（二）浙江省与土耳其产能合作

2013—2023年，中国与土耳其的产能合作持续推进，既有直接投资类项目合作，也有合同承包类项目合作。总体来看，中国与土耳其的产能合作主要表现出以下特点：

一是合作规模不断扩大。2020年，中国在土耳其新签工程承包合同额约46亿美元，同比增长242.7%。截至2021年底，中国在土耳其工程承包合同额累计达284.7亿美元。

二是合作领域大幅拓展。大部分产能合作项目集中在基础设施建设、能源电力、化工等领域。近年来，两国在"一带一路"框架内加大了产能与装备制造、核电、新能源、数字经济等领域的合作力度。

三是投资主体逐步增多。中国对土耳其投资主体主要集中在大型国企和央企，如国家电力投资集团有限公司、中国化学工程集团有限公司、中国电力建设集团有限公司、中国能源建设集团有限公司，以及少数知名民营企业，如阿里巴巴、华为、中兴等。

四是合作方式日益多样，主要是工程承包和以收购方式实现的股权投资，兼以项目融资的形式参与其中，有待向技术标准输出等高层次拓展。①

表1呈现了近十年来浙江省与土耳其开展产能合作的主要项目。浙江省是我国对外直接投资发展强劲的省份。浙江对外投资的主要特点表现为投资地区多元化、投资方式多样化、投资结构不断优化以及民营企业投资占比高、集群投资成亮点等。其中，浙江对土耳其投资在数字经济领域和基础设施领域亮点突出。1）在数字经济领域：2018年，阿里巴巴收购土耳其最大电商平台Trendyol，2021年4月继续向Trendyol增资3.5亿美元，持股比例提高至86.5%。Trendyol创立于2009年，专注时装销售，是包括土耳其在内的中东和北非地区最大、增长最快的移动电商平台，拥有超过2000多个商家和1600万

---

① 邹志强."一带一路"背景下中国与土耳其的国际产能合作.西北民族大学学报（哲学社会科学版），2017（6）：9.

的用户。此次收购是土耳其迄今最大的一笔互联网交易。通过此次收购，该电商平台将能利用阿里巴巴的技术以及其在电商市场、移动支付和物流方面的各项能力获得更大的增长，而阿里巴巴也将借助该平台持续拓展在中东地区的市场。2）在基础设施领域：2019 年 12 月 23 日，浙江省交通集团下属浙江沪杭甬与招商公路、招商联合（CMU）、宁沪高速、四川成渝、皖通高速等 6 家单位组成的投资联合体与土耳其 IC 控股集团在北京举行"土耳其伊斯坦布尔第三大桥及北环高速公路项目"签约仪式，拟收购伊斯坦布尔第三大桥和北环高速公路及其运营养护公司 51% 的股权和股东贷款。土耳其伊斯坦布尔第三大桥及北环高速公路横跨博斯布鲁斯海峡，是土耳其重要交通基础设施，也是连接欧亚大陆的唯一陆路货运通道。该收购协议的签订是国内高速公路企业抱团出海的重大突破。[①]

表 1　浙江省与土耳其产能合作历史项目

合作领域	浙江企业	合作项目	合作意义
能源电力	浙江国贸集团东方机电	伊兹密尔省煤电一体化项目	总投资逾 70 亿元，与土耳其菲纳能源/土耳其 DD 能源公司签约
		阿昂燃煤电站	是 2019 年中国在"一带一路"地区承揽的合同金额最大的单个项目，预计建成后年发电量达 120 亿千瓦时
		安古特鲁梯级水电站	自公司成立至今，东方机电在土耳其已成功完成了近百项水电工程项目
		亚塔安 3X210 兆瓦燃煤电站改造项目	和香港子公司组成联合体以 EPC 方式承建，有效提升原电厂装机发电效率、运行稳定性和使用寿命，并符合土耳其政府新出台的环保标准
		希西曼生物质发电项目	与杭能环境合作，是属地化优势带动技术和产品国际合作的典范
	中国能源建设集团浙江火电建设有限公司	卡拉毕加 2×660 兆瓦燃煤电厂	项目 EPC 总包
	中国电建集团华东勘测设计研究院有限公司	卡拉库兹水电站	先后承接了 FEKE2、BURC、FEKE1、EBRU 等水电站设备成套项目，其中卡拉库兹项目是华东院首个 EPC 总包冲击式机组成功并网发电投产的电站

---

① 浙江交通集团海外并购首单：参股连接欧亚的跨海大桥 . (2019-12-25) [2024-02-20]. https://zj.zjol.com.cn/news.html?id=1353101.

续表

合作领域	浙江企业	合作项目	合作意义
能源电力	浙富控股集团股份有限公司	克伊水电站项目	与克伊能源开发有限公司在土耳其签署了《克伊水电站项目水轮发电机组及其辅助设备供货合同》，合同金额约3909万美元
	浙江正泰新能源技术有限公司	ELMADAG 4.78兆瓦地面电站	自2015年，正泰新能源土耳其公司成立以来，已在当地累计投建光伏发电项目72兆瓦，年发电量超过1.1亿千瓦时
交通装备制造	宁波中车轨道交通装备有限公司	伊斯坦布尔新机场线地铁列车制造项目	36辆"鄞州制造"的项目列车成为连接伊斯坦布尔新机场与市区的主要公共交通工具，宁波中车城轨公司也成为全省首家独立承担海外轨道交通地铁车辆整车制造的企业
数字经济	阿里巴巴集团控股有限公司	云计算产品和技术	2018年和土耳其电子商务集团E-Glober建立合作伙伴关系
	杭州雅乐互动科技有限公司	针对土耳其用户的传统棋盘游戏101 Okey Yalla	Yalla是中东地区最大的语音社交与娱乐平台

数据来源：笔者根据公开资料整理。

此外，土耳其在浙江省的外资企业共计38家，其中外商独资企业30家，主要投资领域为建筑、汽车零配件、贸易、纺织等，比较大的企业有庆达西（宁波）钢构制造有限公司、杜拉克纺织（长兴）有限公司、特科拉（长兴）橡塑科技有限公司等。[①]

工程承包是中土产能合作的重点领域，合作内容主要集中在能源、交通、通信等领域。浙江省与土耳其开展产能合作的企业主要有浙江国贸集团东方机电公司、中国能源建设集团浙江火电建设有限公司、中国电建集团华东勘测设计研究院有限公司、宁波中车轨道交通装备有限公司等国有企业，以及浙富控股集团股份有限公司、浙江正泰新能源技术有限公司、阿里巴巴集团控股有限公司、杭州雅乐互动科技有限公司等民营企业。合作的主要领域包括传统能源与新能源领域、交通装备制造领域，以及游戏、云计算等数字经济新兴领域。

（三）浙江省与土耳其人文合作

人文交流与合作是共建"一带一路"的社会根基。纵观历史，中土两国友

---

① 浙江省的土耳其外资企业名单. (2021-05-25) [2024-02-20]. https://www.x315.cn/doc/Ep6zY1.

谊源远流长，历经千年而不衰。近代以来两国之间相似的经历也使得两国都更加深刻地意识到求和平、谋发展的重要意义，为落实"一带一路"倡议奠定了文化基调。2012 年和 2013 年，中国和土耳其两国互办"文化年"，极大促进了两国民众对彼此的了解。自"一带一路"倡议提出以来，中土双边文化交流不断深化：目前两国已缔结 27 对友好城市；2021 年，北京尤努斯·埃姆雷土耳其文化中心成立，成为中土民间交流的重要窗口；文化旅游业、图书出版业、影视业等文化产业的合作为中土文化交流做出重要贡献。

其中，旅游业是土耳其就业机会和外汇收入的重要来源之一。2002 年，土耳其正式成为中国公民的旅游目的地，中国游客赴土耳其旅游人数不断增长。自 1999 年土耳其航空开设北京—伊斯坦布尔航线以来，上海、广州、深圳、武汉、西安、成都、重庆都相继开设了到伊斯坦布尔的直达航班，运营这些航班的航空公司有中国国际航空、东方航空、南方航空和四川航空等。2015 年 2 月起，土耳其给予持普通护照的中国公民通过电子签证入境土耳其的便利。2018 年中国举办"土耳其旅游年"系列活动。中土旅游合作进一步深化，赴土中国游客从 2012 年的 11.5 万人次增长到 2019 年的最高位 42.6 万人次，年均增长率 272%。但是由于多种原因，中国游客的增长并未达到土耳其的预期，甚至在 2020 年骤降到了 4 万人次。浙江省游客的出境游目的地主要还是东亚和东南亚的邻近国家以及美国、澳大利亚，以及法国等欧洲国家，土耳其是相对小众的出境游目的地。

在语言与教育合作方面，中方在土建有 4 所孔子学院；两国已各有 10 余所高校开设了土耳其语或汉语专业；上海大学、北京语言大学、北京大学、陕西师范大学和浙江外国语学院等多所高校成立了土耳其研究中心，通过创办学术期刊、举行学术会议和讲座，对土耳其的历史和现实问题开展研究。新冠疫情发生以来，中土两国守望相助，抗疫合作成为新亮点，从抗疫物资到疫苗合作，见证了中土两国人民友谊不断深化。

浙江省与土耳其人文交流层次广泛、领域丰富，既有城市间的交流机制，也有民间友好往来，既有教育科研领域的交流互鉴，也有艺术文化领域的共襄共赏。

1. 城市之间的交往机制日益完善。目前，浙江省已先后与土耳其城市结成三对国际友好城市，分别为义乌市与马尼萨市、金华市与埃雷利市、杭州市与伊斯坦布尔市。2015 年，"2015 土耳其·美丽浙江文化节"在伊兹密尔艺术中心隆重开幕，向土耳其人民展示了中国的丝路文化、丝绸时装以及民族音乐。[①]2021年10月，宁波市举办"土耳其主题日"活动，从多元视角展示了土耳其的传统文化、特色美食和旅游潜力。

2. 高校和智库是推进浙土人文交流的重要主体。浙江外国语学院和浙江越秀外国语学院分别于2018年和2019年开设土耳其语专业，两校分别与土耳其阿依登大学和安卡拉哈杰巴依郎维利大学签署了校际合作协议。2020年10月，浙江外国语学院成立土耳其研究中心，并定期举办"土耳其研究"学术研讨会，旨在为国家"一带一路"建设和浙江"重要窗口"建设培养急需人才、提供智力支持。

3. 民间交往是推进浙土人文交流的重要力量。2018年12月，浙江婺剧团在土耳其阿菲永省市政会议中心举办专场演出，赢得满场喝彩。由浙江卫视参与制作的综艺节目《二十四小时》在土耳其录制并获得了土耳其政府颁发的促进中土文化交流奖。土耳其商人在义乌开办餐厅，不仅把土耳其饮食文化带入浙江，也为中土民间交往架起一座桥梁。

三、浙江省与土耳其深化合作的机遇与路径建议

浙江省在深化与土耳其的多领域合作方面挑战与机遇并存。浙江省与土耳其合作主要面临土耳其国内经济和汇率的不稳定性带来的挑战，同时双方在旅游合作、人文交流等领域面临合作规模有限、合作层次不高、机制化水平低以及互信不足等诸多问题。但与此同时，浙江省作为开放大省和经济强省，在数字经济、基础科研、技术创新、医疗资源、高端制造、产业配套等各领域同土耳其加强合作都具有突出优势。

（一）浙江省与土耳其深化合作的机遇

浙江是开放发展的桥头堡，也是中国最具创新活力的省（区、市）之一。经济正从传统产业向高新产业演化，在新能源、智能制造、生物医药及医疗器械等产业具有技术优势。同时，浙江民营经济发达，产业集群化发展是一大特色，中小企业可以发挥优势，抱团出海。优秀的营商环境、优越的地理位置、便利的物流网络和突出的数字经济领域优势为浙江省与土耳其加强合作提供了

---

① "2015土耳其·美丽浙江文化节"在伊兹密尔隆重开幕. (2015-07-28) [2024-02-20]. http://tr.china-embassy.gov.cn/xwdt/201507/t20150730_9628576.htm.

良好的条件与机遇。

首先是营商环境优势。浙江始终坚持贯彻落实扩大对外开放、减少准入限制、提升投资便利化水平、加强投资促进和保护等要求；持续深化外资审批体制改革，简化审批程序，深化"放管服"改革；有序推进招商数字化平台建设和应用，外资企业可以在外企服务模块完成注册、线上诉求反映等操作。[①]

其次是交通区位优势。浙江的国际物流枢纽地位使中土贸易投资合作更加通达。2021 年，宁波舟山港集装箱吞吐量突破 3000 万标准箱，跻身国际航运中心十强；"义新欧"班列辐射 51 个国家 160 多个城市，成为长三角区域对外主要国际铁路物流通道；海外仓数量占全国比重超过三分之一，切实保障国际供应链稳定；"一带一路"国际航线突破 100 条；开辟"中欧班列+海铁+海运"多式联运新通道。

最后，浙江省还具有突出的数字经济领域优势。浙江是数字经济先发地。近年来，浙江不断推进数字贸易先行示范区建设，上线跨境电商综试区线上数字化综合服务平台、市场采购贸易联网平台、"四港"联动智慧物流云平台等数字化场景。[②]在推进数字化改革，建设"数字丝绸之路"，发展"丝路电商"的进程中，浙江省与土耳其在培育跨境电商知名品牌、构建数字化产业链与供应链等领域有重大合作机会。

（二）深化浙江省与土耳其多领域合作的建议

1. 深化浙江省与土耳其贸易合作的建议

首先，促进农贸合作，推动浙土贸易平衡发展。土耳其是食品加工和农业领域发展领先的国家之一，拥有高质量、多样化的农产品。近年来，中国逐渐对土耳其农产品开放市场，原先进口农产品仅限于谷物、榛子、海鲜，如今樱桃、开心果、乳制品和禽肉产品纷纷进入中国市场。浙江居民购买力强，对高质量进口食品需求大，浙江进口土耳其农贸产品有助于推动双边贸易平衡发展。

其次，推动浙土直达班列开通，加快构建跨境物流通道。2020 年 12 月，土耳其首列对华出口班列由伊斯坦布尔发出，抵达中国西安。浙土之间已经有

---

① 打造"一带一路"重要枢纽 实现浙江发展坚实跃变. (2022-08-25) [2024-02-20]. http://news.zjnu.edu.cn/2022/0825/c8451a401024/page.htm.

② 打造"一带一路"重要枢纽 实现浙江发展坚实跃变. (2022-08-25) [2024-02-20]. http://news.zjnu.edu.cn/2022/0825/c8451a401024/page.htm.

"义乌—卡德柯伊（土耳其）"铁海公联运班列、圆通航空与土耳其航空合作的联程货运航班。浙土直达铁路班列时效高、稳定性好、承载运量大，可以为浙土跨境贸易提供新的物流选择。

再次，搭建电商生态，促进浙土贸易更加便利。中国出口到土耳其的货物主要为机电产品、贱金属及制品、纺织品及原料、化工产品、家具玩具、塑料橡胶等。出口货物结构呈现"小集中、大分散"的特点，头部品类适合开展跨境B2B贸易，长尾品类适合开展跨境B2C贸易。阿里巴巴的速卖通平台进入土耳其以来，帮助土耳其改良邮政系统，把当地跨境B2C出口的包裹日处理量从20单提升到1000单。从卖家资源引入，到服务体系升级，阿里巴巴在土耳其搭建全球卖物流体系，把电商生态复制海外。浙江可以积极向土耳其企业推介中国的电子商务技术、大数据技术、物流技术等，通过网上丝绸之路，促进浙土贸易更加便利。

2. 深化浙江省与土耳其投资合作的建议

浙江企业可以在以下土耳其最具投资潜力的四大行业中开展投资合作。

一是可再生能源。土耳其电力市场是欧洲最大、增长最快的电力市场之一，也是G20国家中最分散的电力市场，前10名电力开发商的装机容量仅占总装机容量的24%。土耳其可再生能源市场的投资者将受益于未来的增长空间和相对有利的开发成本；二是农业和餐饮。安纳托利亚地区土壤和气候条件优越，能够产出优质农作物，食品加工行业比较发达，农业和餐饮是土耳其重要出口类别，地中海、中东、欧洲地区都是其潜在市场。三是科技行业。土耳其科技公司近年来一直受到国际投资者关注，电子商务和游戏是交易活动中最突出的两个类别。四是制造业。出口是土耳其经济增长最重要的驱动力之一，而工业制造占土耳其年度出口的75%，主要行业包括汽车、化工、服装、钢铁和电子等。土耳其优越的区位优势使其对众多制造业具有较大的吸引力，也将促进新一轮全球供应链调整。

3. 深化浙江省与土耳其产能合作的建议

中（浙）土产能合作符合双方期待。土耳其的"2023百年愿景"中提出了宏大的经济发展规划与基础设施建设计划，其中新建高速公路和铁路网络、新增基础设施和能源投资、制造业升级计划，以及推进国内通信网络、智能电网发展的规划都是中土深化产能合作的重要领域。中国"一带一路"建设的推进及其与土耳其旨在推动亚欧之间区域经济合作的"中间走廊"倡议的对接为加强双方产能合作带来了重大机遇。

深化浙土产能合作，可以从以下四个方面着手。一是扩大合作领域，着力推动高新产业的产能合作。除了围绕轻工、纺织、医药、电力设备、光伏、安防等传统优势产业开展合作以外，双方可重点选择既能充分利用土耳其的区位优势（特别是进入欧盟的优势），又符合可持续发展方向的相关领域深化合作，如新能源、新能源汽车、云计算等行业。二是创新合作方式，提升合作层次。目前中国企业对土耳其的投资与产能合作主要是以直接投资、工程承包及收购为主，兼有项目融资形式，技术标准的系统输出与运营管理项目数量较少。东方机电自进入土耳其工程承包市场以来，从小型水电设备出口开始做起，逐步发展到提出设计、咨询、机电总包、EPC总包、EPC总包加融资的项目建设全过程服务，从使用欧洲标准到逐步将中国水电制造标准带入土耳其市场并获得市场认可，摸索出一条模式多样化的发展之路。未来，浙土产能合作应综合运用直接投资、工程承包、项目融资、技术标准输出、运营管理等五种方式，推动中国装备与技术、标准输出，进一步提高企业的盈利水平、合作能力与市场地位。[1]三是促进合作主体多元化，加强与本土企业的合作。联合省内各行业的上下游企业组成团体，抱团承揽工程，合作开拓国际市场。如土耳其阿昂燃煤电站项目中，东方机电、省电力设计院、省火电公司根据各自业务优势，承担设计、施工、安装等业务，通过联合体的形式，助推浙江省企业参与"一带一路"建设。同时，需推动民营企业"走出去"，发挥浙江丝路产业投资基金的作用，汇聚民企力量参与产能合作，加快产业链海外布局。此外，土耳其法律规定，本地设立的企业投标者相较外国企业投标者可享受15%的价格优先权。因此，浙江企业可以运用"投资＋工程承包"的模式，与土耳其当地公司成立合资公司，参与项目的建设和运营。四是加强风险评估和应对。浙江企业赴土产能合作应充分做好各类投资风险分析，包括政治风险、汇率风险、法律风险、文化风险等，有针对性地制定风险预案。此外，还要明确土耳其制度环境与技术标准与我国的差异、重视本地用工管理、加强合规调研、重视文化差异和语言障碍等。

4. 深化浙江省与土耳其旅游合作的建议

首先，数字经济助推旅游产品开发和旅游营销方面的合作。当前浙江省与

---

① 邹志强. "一带一路"背景下中国与土耳其的国际产能合作. 西北民族大学学报（哲学社会科学版），2017（6）：9.

土耳其旅游合作的一个主要问题是双边旅游目的地在当地民众中的知名度不高。为此，双方需要加强在旅游营销方面的合作。通过小红书、抖音等社交媒体，土耳其旅游业从业者可以更加直接且高质量地介绍土耳其的旅游资源，有助于提升中国游客对土耳其旅行的关注度。双方可以合作开展旅游产品推介与营销，例如联合拍摄城市旅游主题宣传片，在双方各大社交媒体上进行投放；邀请中土两国旅游行业达人、博主入驻对象国社交媒体平台，发挥民间意见领袖的积极引导作用；开展以数据挖掘为支撑的旅游产品和业态研发，合作设计和推广精品旅游线路；共同组织线上线下文化展览、行业交流等活动。

其次，加强旅游基础设施和公共服务设施的投资和合作。土耳其"2023 愿景"将旅游基础设施和公共服务设施的投资建设作为国家未来发展的重点，尤其要加快陆路旅游、海上旅游和空中旅游立体交通体系建设，营造更加便利的旅游环境。[1]浙江省可以利用自身技术优势，在土耳其国内旅游交通体系建设、旅游景区智慧化建设等方面开展合作，同时，双方可以在酒店和餐饮行业交流互鉴、取长补短，促进相互投资或者合作开发第三方市场。

此外，双方可扩大旅游教育和培训合作。目前国内虽然有多所大学能够培养土耳其语人才，但多侧重于语言教学，行业针对性不够，因此需加大复合型人才储备，完善经贸、法律、旅游、传媒＋土耳其语的人才培养模式。推动国内土耳其研究中心与土耳其教育、媒体及商业机构建立制度化交流渠道。通过夏令营、留学、交换等交流形式，让中土青少年更多地了解两国的历史、文化，增进彼此认同感，全面提高旅游业从业人员的素质，促进两国旅游服务质量的提高，提升两国的旅游形象。[2]

5. 深化浙江省与土耳其人文交流合作的建议

一方面，应推动人文交流数字化转型。浙江省的数字化发展水平在全国居于领先地位，人文交流的数字化转型为两国拓展交流领域、创新交流模式提供新机遇。以数字媒体和社交平台合作为契机，掌握舆论话语权，加强彼此了解；以云课堂、云展览、云旅游、云市集等线上活动为起点，拓展新的人文交流模式；通过自主创建平台以及合作"借船出海"，推动含有中国元素的游戏、动漫、影视剧、网络文学等"走出去"，推出中国文化品牌。

另一方面，应发挥双方青年的积极作用。青年是参与国家未来建设的重要

---

① 魏敏. 丝绸之路经济带：中土旅游合作的战略思考. 亚非纵横，2015（1）：12.
② 魏敏. 丝绸之路经济带：中土旅游合作的战略思考. 亚非纵横，2015（1）：12.

力量。鼓励支持青年参与"一带一路"人文交流与合作，推进浙江省与土耳其的青年学者、企业家和科学家互动交流，支持双方开展联合研究、启动培训项目。推动青年在人文交流中更好地讲述"浙江故事"与展现"浙江智慧"。启动青年复合人才培养工程，创新跨学科体系，培养一流的跨界人才，发挥青年的创新性与创造力，使青年成为堪当打造"一带一路"重要枢纽的先锋力量。